CÓMO INICIAR UN NEGOCIO CON POCO DINERO

Qué Hacer si Quieres Emprender pero
Cuentas con Poco Capital de Inversión

MILTON DINWIDDIE

Índice

Introducción

La sala estaba llena, pero nadie se atrevía a susurrar. Parecía que el mundo se había detenido. Todos se sentaron en silencio y esperaron. Un sonido constante pero lejano provenía del ventilador del techo. Me picaban las palmas de las manos, que se sentían frías contra la brisa giratoria. El sudor se acumulaba en mi frente.

Cogí un pañuelo del bolsillo interior derecho y me lo pasé por la frente como un robot de La Guerra de las Galaxias.

La camisa se sentía húmeda bajo la chaqueta. No deben verme sudar, pensé. Mi tranquilidad era falsa, pero no podían darse cuenta.

El juez me miró desde lo alto de sus gafas de lectura. Era el tercer y último juez. Los otros dos jueces ya habían dado su decisión. Un empate: uno para mí y otro para el otro competidor. Al final, todo quedó en manos del último juez.

Y él iba a decidir.

Tenía que ser a mi favor. Empecé a inquietarme y me sorprendí a mí misma casi mordiéndome las uñas. Con mis ojos, le supliqué. Necesitaba ganar el dinero del premio. Era el capital que necesitaba para financiar mi negocio, la puerta de entrada a una vida de lucha y, en última instancia, a la vida de mis sueños: ser una empresaria de éxito.

Hasta entonces, mi trayectoria empresarial había tenido sobre todo un problema: nunca tuve el capital necesario para una startup. Como creía que ése era el único problema, busqué financiación en varios inversores, capitalistas de riesgo, programas gubernamentales y organizaciones, pero no conseguí nada. Incluso hablé con varios familiares, exponiendo mis aparentemente excelentes ideas de negocio en las mejores presentaciones que había hecho nunca. Pero, o bien estas personas no entendían el concepto de espíritu empresarial o simplemente se negaban a ayudar a un joven que intentaba crearse una vida. O tal vez tampoco tenían el dinero que yo siempre había pensado que tenían.

¿Cómo iba a realizar mi sueño de ser empresario y vivir la vida que quería? ¿Cómo iba a emular a los mejores empresarios del mundo si me permitía detenerme en seco por falta de capital? ¿Cómo iba a poner en marcha un negocio? me preguntaba a menudo. Había leído en alguna parte que se pueden comprar activos sin utilizar el propio dinero. Eso me confundía aún más.

Por último, me presenté a una organización local que ayudaba a los jóvenes empresarios con capital en forma de premios en metálico a través de un concurso de creación de empresas. La organización no era muy grande, así que sólo se presentaron unos pocos aspirantes a empresarios. Por suerte, yo estaba entre los treinta y dos seleccionados para la primera ronda. El concurso era sencillo: presentar dos empresas similares. Luego, sus planes de negocio, junto con el empresario, serían examinados por un panel de tres jueces. El ganador pasaría a la siguiente fase hasta determinar el ganador final.

Todos los empresarios que fueron admitidos en el concurso obtuvieron automáticamente asesoramiento y tutoría gratuitos por parte de un grupo seleccionado de empresarios que ya habían tenido éxito. Yo tenía mis dudas sobre el coaching porque pensaba que lo que realmente necesitaba era dinero.

Dios estaba de mi lado, así que progresé fácilmente hasta la ronda final. Finalmente, tras varias consultas de los jueces entre sí, se anunció el ganador. ¡Y no era yo! Me quedé desolado. ¿Qué había hecho mal? Había preparado y perfeccionado mi plan de negocio como una profesional.

Mis proyecciones parecían sólidas. Había realizado un estudio de mercado. Incluso había asistido a cursos de formación empresarial y de habilidades de negocio. Pensé que había cubierto todos los agujeros. ¿Cómo no gané? Mi cerebro se sentía como una galaxia con mil millones de estrellas.

"Señoras y señores, al iniciar el descenso, por favor, asegúrense de que los respaldos de sus asientos y las mesas de las bandejas están en posición totalmente vertical". La azafata me trajo de memoria.

A estas alturas, ya sabes que las personas más ricas del mundo son todas propietarias de negocios, y estás convencido de que tienes que montar tu propia empresa. Aunque, como yo, no crees tener el capital necesario para dar vida a tus ideas.

No busque más.

Después de cientos, si no miles, de presentaciones, seminarios y capacitaciones que he realizado en todo el continente, la pregunta más común que he encontrado es: ¿cómo encuentro capital para iniciar un negocio? Esta pregunta se responde en este libro.

Este libro es para el individuo que está empezando su vida pero está confundido porque no sabe cómo empezar un negocio con escasos recursos. Este libro es para el caballero o la dama de mediana edad que, después de diez o quince años de trabajar en un empleo regular -que debería haber sido la fuente de capital para un negocio muy apreciado- todavía no ha reunido el capital necesario. Este libro es para la persona que, como yo, procede de un entorno humilde y no tiene a nadie que le sustituya financieramente en su aventura empresarial. Y por ello, te ves obligado a arreglártelas solo.

El libro es para la persona que quiere cambiar la suerte de sus futuras generaciones recorriendo la ruta del emprendedor. Es para el individuo que está cansado de correr la carrera de ratas, odia su trabajo y desea más que nada renunciar. Este libro es para cualquiera que quiera liberarse y convertirse en su propio jefe. ¡Este libro es para *ti*!

Este libro es una guía paso a paso que te llevará desde donde estás hasta donde quieres estar -un propietario de un negocio- en un tiempo récord. No sólo ganará mucho dinero y vivirá la vida de sus sueños, sino que también tendrá un impacto en la vida de otras personas a través de sus productos, servicios, responsabilidad social y salarios que pagará a sus empleados.

Lo sé con certeza porque he utilizado esta fórmula exacta para construir cuatro negocios sólidos (actualmente estoy construyendo el quinto en el momento de escribir este libro) y puedo garantizar que, si sigues y actúas según esta fórmula, generarás los resultados que deseas, independientemente de tus antecedentes o circunstancias actuales.

Este modelo funciona para cualquier tipo de negocio. Al fin y al cabo, los fundamentos del negocio son los mismos. Lo único que cambia son los productos o servicios ofrecidos, el mercado y el canal de distribución. Así que, sea cual sea su pasión, le prometo que encontrará las respuestas que busca en este libro.

Debo advertirle, sin embargo, que no hay contactos de capitalistas de riesgo escondidos en las páginas, y no hay ningún truco mágico que *haga llover* dólares. En cambio, encontrará material que le enseñará a construir un negocio millonario, paso a paso, empezando con cero o poco capital. En segundo lugar, puede que no tenga capital, pero necesitará varios recursos no financieros. Estos recursos se desglosan para usted en los capítulos.

Por último, no espere. No hay premio para el hombre o la mujer que espere un segundo más. Leer hasta este punto significa que se toma en serio la idea de montar un negocio.

Enhorabuena. No se demore. Sumérjase en este libro y podría estar en camino de vivir y proveer la vida de sus sueños para su familia y seres queridos.

¿Por Qué Quieres Crear Una Empresa?

DESPUÉS DE MI decepción en el concurso de empresas emergentes, estaba decidida a recuperarme y trabajar en mis sueños. No sabía si aún existían verdaderas oportunidades por delante, pero no importaba. Lo único que importaba era el hecho de que estaba a punto de comenzar mi entrenamiento individual con un empresario de primera línea de la ciudad. Por su experiencia y éxito en los negocios, sabía que estaba en las manos adecuadas.

Un viernes por la tarde, recibí una llamada de su secretaria.

Me llamaba para concertar una reunión con el Sr. *Presidente*.

Más tarde descubrí que sus empleados le llamaban "Sr. Presidente" porque siempre creía en las posibilidades.

· · ·

Para él, ningún problema no tenía solución y ninguna tarea era imposible. Su frase favorita era "¡Sí, podemos!". Su gente empezó llamándole Barack Obama, pero luego derivaron hacia llamarle Sr. Presidente. El título le venía como anillo al dedo, ya que también era el presidente del grupo de empresas.

La reunión se fijó para las diez de la mañana del lunes en el campo de golf local.

Casi grité. ¿Cómo puede jugar al golf un lunes? ¿No tiene que trabajar? ¿Tiene un torneo de golf? me pregunté. Sin embargo, llegué a tiempo. Para mi sorpresa, todo el mundo estaba vestido con camisetas de golf, pantalones, zapatos de golf y gorras. El Sr. Presidente iba vestido de blanco. Le saludé y me presentó a sus amigos del golf. Reconocí algunas de sus caras por los periódicos, las revistas y la televisión.

Eran populares, y casi todo el mundo del sector empresarial los reconocía a primera vista. ¿Qué se siente al formar parte de un círculo tan rico? Quizá estaba a punto de averiguarlo.

El Sr. Presidente les habló brevemente de mí. También les contó mi historia sobre el concurso. Me animaron, y algunos dijeron que les recordaba a su juventud.

Nos reímos juntos. Ya estaba disfrutando de este programa de mentores y coaching.

.   .   .

Estos gurús de los negocios, que me hablaban como si fuera el hijo que nunca tuvieron, me provocaban mariposas de colores en el estómago. Tres horas parecieron treinta minutos.

Después, fuimos a comer a la sede del club, lo que se prolongó durante más de dos horas. Durante este periodo, yo fui el que más habló. Simplemente me hicieron preguntas: sobre mi familia, mi escuela, lo que pensaba del entorno económico y algunos temas de actualidad. También me preguntaron por mis antiguos compañeros de clase y por la razón por la que quería ser empresario.

"Moisés, ¿por qué es tan importante que te incorpores al mundo de los negocios?" Uno de los amigos del Sr. Presidente preguntó:

Nadie me había hecho nunca esa pregunta.

De niño, no sabía la diferencia entre tener un trabajo normal y ser propietario de un negocio, pero admiraba a mi tío, que siempre estaba de viaje internacional. Y cada vez, nos traía regalos exóticos. Parecía tener mucho dinero para gastar. Le queríamos porque nunca rechazaba nuestras peticiones. Me inspiró. Quería ser como él.

¿Qué quieres ser de mayor?

Sin embargo, las lecciones en casa eran muy diferentes. Nos enseñaban que "la educación es la clave del éxito". No podía comprender el hecho de que hubiera muchos hombres y mujeres ricos que apenas habían asistido a ningún tipo de escuela, pero cuyas fortunas se predicaban de cerca y de lejos.

"¿Qué quieres ser de mayor?" Me preguntaron los visitantes.

Siempre dije, con la seguridad de un alumno de clase, "quiero ser médico".

Y cada vez, los visitantes me daban dinero por mi *brillantez*.

Nadie quería oírte decir que aspirabas a ser empresario. Las profesiones aceptables eran abogados, médicos, contables, ingenieros, etc. Incluso la enseñanza no se consideraba una ambición inteligente para un niño que crecía.

Luego, cuando llegamos al instituto, conocimos el estilo de vida de los empresarios y los famosos del deporte, el cine y la música.

Admiramos la vida que llevaban -trajes elegantes, coches con clase, grandes mansiones y vacaciones regulares- y eso encendió algo dentro de nosotros. Una llama se encendió por las posibilidades que este mundo podía ofrecer. La vida de ensueño parecía estar a nuestro alcance, y queríamos una parte.

· · ·

"Trabaja duro, saca buenas notas y luego encuentra un trabajo fijo y pensionable en el gobierno", nos decían nuestros padres y abuelos. "Olvídate de tus sueños y fantasías".

Trabajamos duro y sacamos buenas notas -al final me gradué en la Facultad de Derecho como el mejor de mi clase- pero, por aquel entonces, no había suficientes trabajos para aceptar a los graduados. Teníamos las llaves, pero parecía que habían cambiado las cerraduras.

En el instituto, un tema que nunca podré olvidar en economía fue el desempleo. Nos enseñaron que "una de las principales causas del desempleo es el sistema educativo, que enseña y produce más buscadores de empleo que creadores de empleo."

Mi pregunta era: si sabíamos que el sistema educativo era el problema, ¿por qué no podía el gobierno cambiarlo para producir más creadores de empleo que buscadores de empleo?
   Tras una acalorada discusión con el profesor, me gané una suspensión de dos semanas de la clase por ser *un cabezón*.

Entonces, un día, mi hermana mayor, Julie, llegó a casa con un ejemplar de Padre rico, padre pobre, de Robert Kiyosaki.

Como era un adolescente curioso, empecé a leerlo inmediatamente. No entendí todo lo que contenía el libro, pero desafió algunas cosas que nos habían enseñado mientras crecíamos. Por ejemplo, desafió muchas cosas, como el sistema educativo, pidiendo más educación financiera. Sin embargo, no pude entender muchas cosas. Por ejemplo, cuando escribió: "los ricos *no* trabajan por dinero".

Pero me sentía identificada porque mi padre, que había sido un alto funcionario del gobierno durante toda su vida, había vuelto a la lucha por la vida después de la jubilación, y nuestras finanzas en casa habían pasado de buenas a malas de la noche a la mañana. ¿Cómo podía alguien que había sido etiquetado como *rico* luchar tan pronto después de la jubilación? Sentí que tenía que haber una forma mejor, y estaba decidido a encontrarla.

Después leí varios libros, y todos me apuntaban en la misma dirección: el espíritu empresarial. Cuanto más leía, más me convencía de que la verdadera libertad financiera solo puede alcanzarse creando empresas.

El lado positivo

Probablemente hay muchas cosas que pasan por tu mente, y por la de las personas que te rodean. Hay mucha negatividad, y todo el mundo parece predicar una caída de algún tipo. Los *gurús* financieros predicen una caída cada cinco minutos en la televisión. No les culpo; los medios de comunicación venden más rápido las noticias negativas que las positivas. No les hagas caso porque, digan lo que digan, el mundo seguirá avanzando.

· · ·

Los expertos explican cómo drenar la mente de la energía negativa. Dice que hay que ignorar toda la información que sea irrelevante, poco interesante o que no permita actuar.

Debes evaluar lo que miras, lees o ves a diario para ver si te ayuda a conseguir tus objetivos.

Los expertos sugieren un proceso de tres pasos para eliminar la información no esencial de su vida:

1. Inicie inmediatamente un ayuno mediático de una semana. Esto significa que no hay periódicos, revistas, sitios web de noticias, televisión, literatura de ficción, o el ocio en Internet.

2. Acostúmbrate a preguntarte si vas a utilizar esta información para algo importante y urgente.

3. Reconoce cuándo es el momento de dejar de absorber. Si un artículo está escrito de forma que te da energía negativa, deja de leerlo. Si las noticias de la televisión son tristes, apaga el televisor.

Mucha gente dice que *sólo se vive una vez*. Creo que eso no es cierto. Creo que vivimos todos los días, pero morimos una vez. Espero animarte hoy a que cuando la gente te diga que algo es imposible, esté hablando desde sus propios puntos de vista, y no desde el tuyo.

. . .

En palabras del famoso Les Brown: "La opinión de alguien sobre ti no tiene por qué convertirse en tu realidad". Pase lo que pase, tenemos que seguir cuidando de nosotros mismos y de nuestros seres queridos.

Norman Vincent Peale fue un predicador y escritor estadounidense que se convirtió en uno de los oradores motivacionales más conocidos del siglo XX. Su libro más vendido, El poder del pensamiento positivo, aborda la psicología positiva desde un punto de vista cristiano.

Muchos profesionales de la salud mental desestimaron las teorías de Peale porque no era un científico, y el libro tuvo respuestas tanto positivas como negativas.

Sin embargo, es difícil refutar la influencia de sus teorías en el mundo real, ya que él mismo es la prueba de que funcionan: murió a los 95 años en la víspera de Navidad de 1993, tras una larga y próspera vida.

Podemos resumir las lecciones de su libro en tres: Empieza con seguridad en ti mismo y verás cómo tus problemas se desvanecen. Tu realidad no es más que tu interpretación de tus experiencias, y para vivir una vida sin estrés, primero imagínate viviendo una.

· · ·

La gente trabaja y asciende. La gente se enamora, se casa, forma una familia y realiza sus sueños. Muchos más están creando empresas. Y tú también puedes alcanzar tus sueños.

¿Por qué?

Los expertos dicen que sólo un pequeño porcentaje de personas puede decir por qué hace algo. Dice que no se trata de tener un negocio exitoso, eso es una consecuencia. Se trata de tu razón de ser y del propósito de tu negocio. La motivación que te hace salir de la cama cada mañana.

Así que, antes de seguir adelante, quiero que escribas cinco razones por las que has elegido la vía empresarial. Son las razones por las que crees que te mereces el éxito.

Serán tu estructura de apoyo -tu pilar de fuerza- cuando te sientas abrumado.

No busques razones rebuscadas; no te ayudarán. No copies las razones de alguien; tampoco te ayudarán. Deja que las razones salgan de tu interior. Pregúntate a ti mismo: ¿Por qué quiero ser empresario? Mantén los ojos cerrados y deja que las respuestas fluyan. Las respuestas pueden ser infantiles, pero no las desprecies.

Reúne todas tus razones y ponlas por escrito. Intenta tener al menos 20 razones. Cuando hayas terminado, empieza a eliminar las más débiles. Sigue eliminando hasta que sólo te queden cinco opciones. Esta es tu lista de oro. Tenla siempre a mano.

Mi amigo Jimmy quería comprar una casa maravillosa para su familia. A lo largo de un año, visitó cientos de propiedades y habló con cientos, si no miles, de administradores de propiedades, agentes inmobiliarios, inversores, bancos, propietarios y caseras. Recopiló tanta información sobre el sector inmobiliario que su mujer solía bromear diciendo que se había convertido en un *experto* en bienes raíces. Ahora viven en una hermosa mansión situada en una gran zona verde. A su mujer le encanta, y los niños la adoran. Lo mejor es que el sector inmobiliario es ahora su negocio familiar, con el que ganan seis cifras cada año.

Peter tenía un tío diabético y lo único que quería era proporcionarle un tratamiento asequible. Creó una clínica que trata la diabetes con grandes descuentos.

Sean cuales sean tus razones, escríbelas y mantén la lista cerca de ti para poder consultarla siempre que las cosas no vayan como quieres.

Al otro lado del puente

Enhorabuena por tu decisión de crear tu propia empresa. Lo que la mente puede concebir, tú puedes lograrlo. Probablemente haya tenido su propia cuota de emprendimiento y tenga algunas victorias en su haber. También algunas pérdidas, porque el desarrollo de la empresa es una cuestión de éxitos y fracasos. Tal vez este sea su primer intento en este territorio. Enhorabuena por haber tomado esa decisión. Y enhorabuena por haber identificado sus cinco principales razones para embarcarse en este viaje.

Ser propietario de un negocio significa libertad. Significa control. Significa vivir la vida en tus propios términos. Esta ruta es menos transitada, pero ofrece grandes recompensas a los que se atreven a navegar. Pocas personas han navegado por estos mares, pero tú no tienes miedo. No eres un buscador de empleo, eres un creador de empleo.

Estás destinado a la grandeza porque te has negado a dejar que la falta de capital te frene. Una grandeza que va más allá de lo que jamás imaginaste. Bill Gates nunca pensó que sería el hombre más rico del mundo. Tampoco lo hizo Jeff Bezos. Dudo que Mark Zuckerberg pensara que estaría entre los cinco mayores multimillonarios del mundo en el momento en el que estaba creando Facebook. Sin embargo, todos estos emprendedores hicieron una cosa: se embarcaron en un viaje sin retorno.

Recorrieron el camino menos transitado, y tienen miles de millones que mostrar.

Crecimiento constante

. . .

No cabe duda de que habrá desafíos a medida que construyan sus empresas. No dejes que eso te desanime. Los retos forman parte del crecimiento.

Como escribió Napoleón Hill en el libro clásico "Piense y hágase rico", "Cada fracaso trae consigo una semilla equivalente de éxito".

General Motors se lanzó durante una recesión. Hewlett-Packard se lanzó durante una recesión. FedEx se lanzó durante una recesión.

Apple se lanzó durante una época en la que Estados Unidos estaba saliendo de una recesión. Eran tiempos de incertidumbre económica y social, pero muchos *gigantes* se crearon en tiempos similares o peores. Tiempos en los que se despedía a la gente, en los que los precios eran inestables, en los que el futuro no parecía brillante. Hubo momentos en los que la vida sirvió limones. Pero los empresarios hicieron limonada.

No es el momento de retroceder. Es el momento de empujar con más fuerza. ¿Por qué? Porque todos los demás están retrocediendo. Eso deja un campo de juego vacío. Deja un vacío, y eso significa que la competencia es mínima o nula.

¿Adivina quién gana en ese momento? Tú tienes razón. Los que sueñan a lo grande y actúan según sus planes de juego.

. . .

Las personas que se mantienen centradas en la tarea que tienen entre manos. Son personas que se niegan a permitir que sus destinos sean dictados por circunstancias externas.

Personas que se niegan a dejar que la falta de capital les detenga. Gente como *tú*.

Tarea

¿Cuál es su motivación para iniciar un negocio? Antes de seguir leyendo, considere esto por un momento y sea honesto consigo mismo. ¿Está creando un negocio porque no soporta trabajar para otra persona o porque no tiene trabajo? ¿Quieres establecer tu propio horario y que no te digan lo que tienes que hacer?

Determina las razones de tu corazón antes de continuar con el siguiente capítulo.

¿Quién es el cliente?

La clave del marketing es identificar al cliente. Sin un flujo de clientes potenciales que necesiten tu producto no tienes negocio.

La mayor parte de sus horas de vigilia debe dedicarse a ello:

- pensar en lo que necesita su segmento de mercado;
- encontrar formas de llegar a ese segmento con un coste efectivo;
- soñar con más productos que sus clientes actuales necesitan;
- buscar nuevos clientes que compren en su gama actual;
- innovando nuevos productos para sustituir a los que empiezan a flaquear.

A medida que las empresas se vuelven más competitivas y muchos sectores se reducen a menos actores importantes, los clientes también exigen y esperan más por su dinero. Los estándares y las expectativas han aumentado en general.

Gracias a los programas de consumo de la televisión, los viajes al extranjero y -para los que tienen empleo- un nivel de vida más alto, nos hemos convertido en un público comprador más sofisticado. La mayor estandarización y el poder de las marcas hacen que el mismo producto pueda comprarse en muchos puntos de venta. El producto, la única forma de diferenciar su oferta es mediante un excelente servicio al cliente.

Una encuesta reciente ha revelado que el número de reclamaciones de los clientes a las grandes organizaciones ha aumentado, a pesar de (o quizás debido a) el aumento de los centros de llamadas y los defensores del pueblo. Es la imagen de lejanía sin rostro que ofrecen muchas grandes empresas la que parece contrariar a muchos de nosotros. Sin embargo, esta es la oportunidad de la pequeña empresa.

· · ·

Nunca se insistirá lo suficiente en que las necesidades del cliente deben ser primordiales a la hora de dirigir su negocio. El boca a boca siempre será la mejor publicidad y los clientes descontentos no tardan en contar a sus amigos sus malas experiencias.

La gestión de los clientes comienza con la gestión y la motivación del propio personal, ya que un personal descontento y desilusionado nunca creará el ambiente adecuado.

Una baja moral del personal significa inevitablemente una alta rotación del personal y probablemente robos o fraudes de un tipo u otro. Mucho más barato a largo plazo es tratar a sus empleados como seres humanos e individuos con inquietudes y aspiraciones, en lugar de como un coste empresarial más que hay que contratar, despedir o manipular.

Un entorno de trabajo feliz infundirá buena voluntad a sus clientes y hará que el trato con usted sea una experiencia memorable y que se repita. El cliente paga las facturas, el personal, los beneficios y el crecimiento futuro. Los clientes pueden ser a veces un incordio, pero sin ellos no tienes negocio; ser agradable con la gente es mejor a largo plazo.

Una de las razones por las que el concepto de marketing tiene una imagen indiferente entre las pequeñas empresas es que muchas grandes empresas han sido derrochadoras en su publicidad, imprudentes en la forma de llevar a cabo sus campañas de relaciones públicas, y no han captado en muchos casos lo esencial del éxito en la publicidad directa.

Una mayor atención a la identificación del cliente potencial, una mayor focalización y no permitirse la promoción a menos que se pueda medir la respuesta son ingredientes vitales para el crecimiento de las pequeñas empresas.

Con una cartera de pedidos a plazo, su gestor bancario debería estar dispuesto a proporcionar el capital circulante para financiar las compras, pagar las existencias y cubrir los gastos de funcionamiento en previsión de las ventas. Dirigir una empresa es mucho más sencillo cuando se tiene una demanda constante y previsible de su producto.

2

Salde sus pendientes

DESPUÉS DE HABLAR de mis cinco razones principales para decidirme a ser empresario, el Sr. Presidente me preguntó en qué línea de negocio quería entrar. Le dije que quería montar un negocio de viajes.

"Me encanta hacer turismo, el turismo es mi pasión". Le dije.

"Un error que comete mucha gente", dijo, "es mezclar los negocios con el placer". Sabía que me esperaba una larga conferencia. Me senté y escuché.

"Muchas veces, cuando construyes un negocio en torno a tu *pasión,* es difícil separar ambas cosas.

La motivación para trabajar es muy alta si haces lo que te gusta, pero también puede ser muy difícil aceptar que la empresa no sea rentable y que, por tanto, no merezca más tiempo ni recursos. Crear un negocio en torno a tu pasión es una de las mejores cosas que puede hacer un empresario.

Sólo hay que asegurarse de que sea una empresa rentable". dijo.

El Sr. Presidente dijo entonces algo que nunca había pensado, oído o incluso leído en ningún sitio.

Dijo: "El éxito empresarial no es el resultado de tener un producto o servicio maravilloso. Se trata de gestionar un proceso bastante aburrido y de dirigir a los miembros de tu equipo para que cada uno haga unas pocas tareas pequeñas y repetitivas cada día durante un largo periodo de tiempo. Este proceso puede alargarse bastante, así que tendrá más posibilidades de éxito si está preparado para ello."

Asentí con la cabeza.

"Hablando de éxito, ¿cuál es la primera o más importante habilidad que debe dominar un empresario?" pregunté.

"Cuando uno acaba de empezar su andadura empresarial, lo primero que tiene que hacer es aprender a *vender*", dijo el Sr. Presidente.

· · ·

"*No* quiero ser agente de ventas". Protesté.

El Sr. Presidente extendió la cifra del índice, indicándome que esperara hasta escuchar la explicación completa.

Vender o ser vendido

Dijo: "Los negocios consisten en comprar y vender bienes o servicios. La política consiste en vender capacidades de liderazgo. El matrimonio consiste en vender romance y compañía. Incluso las personas con trabajos regulares venden servicios a sus empleadores a cambio de una tarifa mensual. La vida consiste en vender, y cada segundo, alguien está vendiendo algo. Eso significa que, cada segundo, alguien también está comprando algo. Depende de ti elegir si vas a ser un vendedor o un comprador".

"¿Cómo aprende a vender alguien sin experiencia en ventas?" pregunté. "Sencillo", dijo, "¡acepta un trabajo de ventas!"

"No quiero ser un buscador de empleo; quiero ser un creador de empleo". protesté.

"Lo harás, eventualmente. Tengo plena confianza en ti. Pero en este momento, todavía no tienes las habilidades. La mayoría de los trabajos de ventas ofrecen formación gratuita, así que para ti sería una situación en la que todos saldrían ganando. Te pagan mientras aprendes. Míralo como si te pagaran por ir a una escuela gratuita. Conseguir un trabajo te llevará a tu objetivo más rápido", concluye.

"Creía que emprender significaba no aceptar un trabajo". dije. Se rieron a carcajadas.

Pero debo advertirte: no aceptes un trabajo *normal* o en una gran empresa. No quieras quedarte atrapado detrás de un escritorio o repartiendo pizzas. Ahí hay pocas oportunidades de crecimiento. Quieres conseguir un trabajo en una empresa pequeña -preferiblemente una startup- en la que puedas conocer literalmente todo el negocio. Tienes que aprender cómo funciona todo el sistema". Dijo el Sr. Presidente.

"Es fundamental recordar que, al iniciar un negocio, es un proceso que hay que llevar a cabo lentamente en lugar de precipitarse.

A menudo pasamos por alto muchas etapas creyendo que todo en el negocio caerá en su lugar en un instante. Esto a veces no sucede. Por eso muchas empresas no llegan a ver su primer cumpleaños". Y añadió.

Hacer contactos vitales

.   .   .

Muchos empresarios operan sus negocios como un espectáculo unipersonal, sin influencias o contribuciones externas. Un buen lugar para empezar a crear excelentes vínculos es mientras se trabaja en el día a día. Muchos de estos contactos pueden convertirse con el tiempo en proveedores, clientes, consultores o incluso socios comerciales.

El único amigo de Teresa cuando se trasladó a Seattle desde Vancouver (Columbia Británica) era su futuro marido. Estaba preparada para un cambio después de 13 años en el sector de los servicios financieros y quería empezar a escribir sobre temas técnicos porque sentía que era su *verdadera vocación*. El hecho de que Teresa no hubiera escrito nada profesionalmente y no tuviera conocimientos técnicos eran también obstáculos que había que superar.

Se matriculó en un programa de certificación de escritura técnica en el Bellevue College para mejorar sus habilidades y también se matriculó en un curso de edición técnica. En 13 meses completó ambos certificados.

Al poco tiempo, se hizo miembro de la rama de Puget Sound de la Society for Technical Communications. Teresa también se ofreció como presidenta de Relaciones Públicas para una de sus conferencias regionales porque tenía experiencia previa en marketing. Gracias a su experiencia, le pidieron que fuera la encargada de juzgar su concurso literario anual. La responsable de la conferencia y del concurso trabajaba para la división de productos de consumo de Microsoft. Teresa fue contratada durante dos semanas como contratista en un grupo de formación de usuarios de Microsoft tras conocerla en funciones de la Sociedad.

. . .

Teresa tuvo que volver a trabajar en red. Se dirigió a la presidenta de la sección local del STC, que tenía su propio negocio de consultoría, y consiguió un contrato de dos meses en el que ofrecía habilidades de redacción. Teresa se creó una especialidad profesional como comunicadora técnica, trabajando en varios puestos gracias a su contrato.

Además de escribir, se encargaba de la planificación estratégica y el marketing de la empresa, aprovechando su experiencia previa en marketing.

"Ganaba un 58% más por hora que cuando empecé mi nueva profesión", dice Teresa sobre la orientación de su carrera en las redes. Vale la pena tener experiencia". dice Teresa.

Unos años más tarde, Teresa se convirtió en la propietaria de Excellence in Communications y en comunicadora técnica de Windows Mobile a partir de 2010, y en jefa de publicación de contenidos en Microsoft.

Dominar las habilidades necesarias

No siempre se sabe todo lo que hay que saber sobre el mercado objetivo, los productos o el sector cuando se acaba de crear una empresa. Dirigir un negocio no es siempre una cuestión de ensayo y error; de lo contrario, arruinarás tu reputación mientras intentas establecer la tracción.

Sin embargo, cuando trabajes en un empleo, tendrás supervisores que podrán reprenderte cuando cometas errores y ayudarte a mejorar. Sin embargo, para que esto te beneficie, asegúrate de encontrar un trabajo en un sector que te permita ampliar tus conocimientos y exposición. Nunca podrás poner precio a la cantidad de experiencia que ganarás allí.

Desarrollar el sentido de la autodisciplina

La autodisciplina es la clave del éxito. También nos proporciona sugerencias prácticas sobre cómo dominarla para que podamos alcanzar la autorrealización, las buenas relaciones y la estabilidad financiera.

Todos necesitamos seguridad financiera, realización personal y relaciones gratificantes para ser felices. Somos conscientes de ello y, en la mayoría de los casos, de cómo conseguir estos elementos. Entonces, ¿por qué no los conseguimos? La razón, según Brian Tracy, es que carecemos de autodisciplina, que es esencial para alcanzar cualquier objetivo. Ésta permite al individuo ordinario hacer maravillas. Sin ella, ni siquiera el individuo más afortunado y dotado puede superar la mediocridad.

Muchos empresarios carecen de la disciplina necesaria para dirigir sus empresas con éxito. Ven el espíritu empresarial como una excusa para hacer menos trabajo y trabajar sólo cuando quieren. Ojalá fuera así, pero no lo es. Como empresario, necesitarás más esfuerzo y disciplina que trabajando como un empleado típico. Puedes aprender los fundamentos de la disciplina personal y organizativa en tu trabajo de 9 a 5. También puedes aprender sobre sistemas que eventualmente puedes implementar en tu propia organización.

Mejore su confianza en sí mismo

¿Ha visto alguna vez a un director general temblando ante una crisis o un reto?

Los empresarios son personas intrépidas, y su seguridad en sí mismos tiene una forma de atraer a otros para que se unan a su causa e infundir fe en su personal y sus clientes. Esta seguridad en sí mismos se debe a los años de experiencia e información que han adquirido en una amplia gama de temas.

La audacia no aparece de la nada; se gana con el tiempo cometiendo errores, siendo corregido y respondiendo a las correcciones. Necesitarás esa confianza para empezar y dirigir un negocio con éxito. Esta audacia y confianza puede obtenerse de tu empleo.

Reserva dinero para tu inicio

Una de las fuentes de dinero más importantes para tu negocio son tus ahorros personales. Cuando tienes un trabajo remunerado, puedes acumular suficiente dinero y reservas para iniciar tu propio negocio. Si eres lo suficientemente inteligente y disciplinado, puedes afiliarte a una sociedad cooperativa y tus ahorros se irán acumulando y te ofrecerán acceso a dinero extra si surge la necesidad.

Tienes que pensar primero en ti mismo, incluso antes de pensar en tu negocio. Muchas personas están tan inmersas en la mentalidad empresarial que se olvidan de crear un sistema para gestionar sus gastos y facturas.

Esto puede ser frustrante y hace que sea muy difícil concentrarse en la puesta en marcha. Un trabajo te mantendrá a flote mientras construyes tu sueño para que no sientas que la vida te pasa por encima. Esta es, con mucho, la razón más importante por la que necesitas un trabajo, dijo el Sr. Presidente.

"Por experiencia, he descubierto que la mayoría de los nuevos negocios *no* fracasan en realidad. La mayoría de los empresarios simplemente abandonan sus negocios porque no ganan dinero a corto plazo". Y añadió

"Tengo unas tres o cuatro empresas que registré, empecé a dirigir, pero acabé abandonando a su debido tiempo. El panorama financiero inicial había sido bueno, y eso me entusiasmó. Pero cuando los caminos se volvieron accidentados y los ingresos no fluyeron como al principio, se convirtió en una cuestión de 'abandonar el barco o ahogarse'. Muchos negocios -o empresarios- sólo necesitan un salvavidas en forma de fuente de ingresos adicional, y las tasas de supervivencia mejorarían drásticamente". Uno de sus amigos aportó su granito de arena.

Asentí con la cabeza.

"Entonces, ¿estás listo para empezar a buscar trabajo?" me preguntó el Sr. Presidente. "Sí, empezaré inmediatamente". dije.

"Genial. Ya he informado a la directora de recursos humanos de que vas a verla. Te espera mañana a las 7:30 de la mañana. ¿Te parece bien? ", preguntó.

"Está bien, señor. Gracias por la oportunidad". Dije.

¡Espera! ¿Cómo sabía que iba a decir *que sí*? ¿Y qué le había dicho? ¿Me iba a dar un trabajo? ¿Qué tipo de trabajo sería? ¿Cuánto ganaría al mes? Tenía muchas preguntas, pero una cosa era segura: mi vida estaba a punto de cambiar.

Acudí a RRHH al día siguiente, como me había indicado el Sr. Presidente. Fue amable, me ayudó y me hizo sentir a gusto. Más tarde descubrí que también era supervisora del departamento de ventas.

· · ·

El Sr. Presidente tenía una forma muy interesante de dirigir sus empresas. Creía que el éxito de la organización era responsabilidad de cada persona de la empresa, a todos los niveles. No creía en la especialización. No era raro encontrar a un contable en el departamento de ventas y marketing. Más bien creía en la inclusión, donde todos tenían una oportunidad en cada departamento de la empresa.

De vez en cuando, hacía cambios al azar y colocaba a su gente en otros departamentos además de sus puestos habituales. Decía que esto ayudaba a la gente a mantenerse alerta y creativa durante todo el año.

Lo más importante, dijo el Sr. Presidente, es que "hace que hagan mejor su trabajo cuando entienden cómo está conectada toda la empresa". Algunas personas nunca dan lo mejor de sí mismas simplemente porque no saben hasta qué punto los departamentos son interdependientes".

Sus reuniones también eran diferentes. Por ejemplo, el papel de presidente era rotativo, lo que significa que todos los miembros de la empresa tenían la oportunidad de presidir una reunión en un momento dado. Esto aumentaba la capacidad, la moral y la producción general de su gente. Sostenía que ésta era la mejor manera de enseñar a sus empleados a convertirse en propietarios de empresas. Siempre animaba a sus empleados a crear sus propios negocios a tiempo parcial.

Los de RRHH me hicieron varias preguntas en lo que parecía una entrevista, y luego me dieron el puesto de Ejecutivo de

Ventas en la empresa de informática que *poseía* el Sr. Presidente.

El puesto debía cubrirse inmediatamente, así que tuve que presentarme a la mañana siguiente.

Me hacía ilusión trabajar para el Sr. Presidente. No pude evitar reflexionar mientras me dirigía al trabajo.

¿Quiénes eran las personas con las que iba a trabajar?

¿Cómo eran? ¿Les caería bien? ¿Encajaría yo? ¿Había formación?

¿Qué hace una empresa de informática?

Para mi sorpresa, la empresa aún no existía. Fui yo quien tuvo que registrarla ante las autoridades competentes.

También fui el primer empleado. Así que, además de ejecutivo de ventas, desempeñé las funciones de gerente, abogado, recepcionista, atención al cliente y gestor de recursos humanos. Me exigía tanto que apenas tenía tiempo para dormir o incluso para comer. La nueva empresa se convirtió en mi vida.

Mucho más tarde, cuando le pregunté al Sr. Presidente por qué me había contratado en una empresa que aún no existía, se rió y me dijo: "Quería que tuvieras experiencia práctica en la creación de una empresa y que supieras lo que significa dirigirla.

Cuando finalmente se pone en marcha el negocio, hay que ser el mejor vendedor del equipo. Y esto es difícil porque la mayoría de las veces estás vendiendo un producto o servicio que aún no existe, o estarás vendiendo un sueño a los miembros de tu equipo potencial."

Sólo mucho más tarde aprecié esta lección y experiencia, porque si estás construyendo un negocio, especialmente sin un bolsillo profundo, vas a tener que pagar por casi todo usando una moneda llamada tiempo. Pensando en ello, en realidad había puesto en marcha un negocio, aunque no era mío, y el dinero venía de otra parte. Eso me dio confianza.

Había aprendido a registrar negocios, a manejar clientes y a manejar proveedores. Y estaba aprendiendo a vender, que es algo a lo que había tenido tanto miedo, sobre todo al rechazo. Había tenido tanto miedo que cada vez que alguien me mencionaba las ventas, cambiaba inmediatamente la conversación.

Bajo la dirección del Sr. Presidente y del departamento de RRHH, contratamos a dos personas licenciadas en informática. Nuestra empresa de informática estaba en marcha.

Entonces, un día, después de nuestras habituales reuniones informativas matutinas con el Sr. Presidente, le pregunté: "¿Por qué nos hizo registrar una empresa de informática? ¿Por qué no cualquier otro campo?"

Dijo, tras una breve sonrisa: "Internet es el *mayor* descubrimiento desde el fuego, y quien no se suba a ese tren se quedará atrás para siempre. ¿Sabías que ocho de los diez mayores multimillonarios del mundo han construido su riqueza con negocios puramente tecnológicos? ", preguntó retóricamente.

3

Afila tu Hacha

Así QUE, mientras creábamos nuestra nueva empresa de informática, empecé a aprender algunas cosas sobre las TIC. Tuve que aprender algunas cosas básicas sobre Internet y los ordenadores, ya que yo hacía la mayoría de las presentaciones de ventas.

Un día, después de nuestras habituales reuniones informativas matinales, el Sr. Presidente me invitó a su despacho y me preparó una taza de café. Sólo tenía una marca en su despacho, y yo no la había visto en ningún otro sitio. Sólo lo había probado dos veces, y quise preguntarle por él.

"¿Qué tipo de café es este?" pregunté, sosteniendo la taza con ambas manos. Una pequeña sonrisa recorrió su rostro.

"Este es un café muy saludable. Lo tomo desde hace unos quince años". Dijo.

. . .

¿Quince años? Eso parecía una eternidad.

"Cuando mi primer negocio empezó a estabilizarse, llegué a un punto en el que sabía con seguridad que iba a ser multimillonario. Sin embargo, una cosa que siempre me inquietaba era la idea de que un día tendría que gastar todo el dinero que me había costado ganar en facturas médicas. Ya sabes las enfermedades que vienen con la vejez". Dijo, mirando por la ventana como si convocara trozos de la memoria.

"Así que empecé a buscar suplementos nutricionales que me ayudaran a reforzar mi inmunidad. Fue entonces cuando conocí estos productos. Un amigo me dijo que había descubierto una empresa que tenía todos los productos que yo buscaba. Y la guinda del pastel: ganaríamos dinero si nos hacíamos socios", me dijo.

Inmediatamente, nos pusimos en marcha y fuimos a la oficina local de la empresa. Ese día, asistimos a una presentación de la empresa que incluía también una demostración de los productos. Quedamos tan impresionados que incluso compramos algunos productos en el acto.

El café era uno de esos productos. Al final me hice socio de la empresa, y desde entonces compro productos con descuento". Dijo.

. . .

"¿Entiendes el marketing de redes?", me preguntó.

"¿Son como esquemas piramidales?" Respondí, sintiendo que lo sabía todo. "Esos dos son totalmente diferentes". Respondió, con una sonrisa.

"Los esquemas piramidales son ilegales", dijo. "En el marketing de red, se genera dinero vendiendo los productos a otras personas. Y si aún no son miembros, puedes inscribirlos en tu equipo, y ellos también pueden ganar dinero."

"Luego recibes una parte del dinero ganado por los distribuidores que has traído al programa, conocidos como tu línea descendente -además de sus ventas. A menudo se ofrecen bonificaciones por vender cantidades específicas de mercancía o por inscribir a un determinado número de nuevos miembros; puede que reciba automóviles, vacaciones o dinero en efectivo. Formar parte de una empresa de marketing en red es como ser miembro de una gran familia". dijo el Sr. Presidente.

"¿Has pensado alguna vez en dedicarte al marketing de redes?"

Sr. Presidente, me pidió

"He visto y leído muchas historias de éxito, pero las empresas son muchas. ¿Qué me sugiere que haga?" pregunté.

. . .

"Entiendo cómo te sientes. Yo me sentía igual. Pero esto es lo que descubrí. Descubrí que la mayoría de la gente no tiene información completa sobre el sector y, por lo tanto, acaba tomando decisiones basadas en información a medias.

¿Qué te parece si investigas? Luego puedes decirme lo que piensas en una semana", propuso.

"Me parece justo", respondí.

Así que, durante la siguiente semana, me sumergí en la investigación, hablando con toda la gente posible sobre el marketing de redes, asistiendo a presentaciones y seminarios, y también probando algunos productos. Fue una experiencia increíble.

Mi mente se abrió y mi perspectiva sobre la industria cambió. Vi cosas que mi mente cerrada no había visto.

Descubrí que el marketing en red consiste en establecer relaciones auténticas. También descubrí que si quieres seguir una carrera que te proporcione más flexibilidad en tu vida, ¡entonces unirte a una empresa de marketing en red es una gran opción!

¿Por qué el marketing en red?

.   .   .

Muchos expertos escriben que el marketing de red proporciona ocho activos generadores de riqueza: educación mundana, desarrollo personal, círculos de amistad del mismo valor, creación de redes, escalabilidad, habilidades de liderazgo, creación de riqueza y capacidad de soñar.

Tus líderes quieren que tengas éxito.

La gente parece creer que ganar dinero en el marketing de redes es sólo para la gente de arriba, pero eso simplemente no es cierto.

Considere esto por un momento.

Es una cuestión de sentido común. Si la persona que está por encima de ti gana dinero cuando tú ganas dinero, ¿por qué no debería ayudarte a ganar más dinero? En realidad, *quieren que* tengas éxito. Eso implica que estarán dispuestos a invertir sus mejores consejos y su tiempo en tu negocio para que tengas éxito. Entonces podrás replicarlo en tu propio negocio. ¡Realmente es un negocio que levanta a la gente!

Si te esfuerzas, puedes ganar mucho dinero.

Muchas personas se quejan de que no han ganado dinero en el marketing de redes. Lo más probable es que todo lo que hicieron fue unirse. No trabajaron. Piénselo de esta manera:

Imagina que te contratan para un trabajo, pero sólo te presentas a trabajar una o dos horas, dos o tres veces al mes.

¿Recibirías tu sueldo?

¿Mantendrías tu trabajo? Por otro lado, si decides esforzarte, puedes ascender y ganar mucho dinero.

Según una organización mundial que regula el marketing de redes, la industria del marketing de redes pagó a sus miembros un total de 46.260 millones de dólares sólo en 2020.

En un momento dado, un miembro de una empresa de marketing en red, estaba haciendo cerca de 1,4 millones de dólares mensuales sólo de su negocio. Esta es una cantidad gigantesca de dinero que es inaudita en muchas otras industrias.

¿Y lo mejor? Los ingresos son recurrentes. Es lo que se llama "ingresos residuales".

¡El término "ingreso residual" se refiere al hecho de que usted sigue ganando dinero después de que su trabajo inicial se haya completado!

No tendrás que reclutar a tu familia y amigos.

. . .

Estamos en el año 2022 y existe una cosa llamada Internet. Las empresas de marketing en red solían ser conocidas por recomendar a la gente que empezara con sus amigos y familiares, pero ahora esa es una estrategia obsoleta. Gracias a Internet, ahora puedes identificar tu mercado objetivo y promocionar tu producto y/o negocio entre aquellos que ya están interesados. ¿No es genial?

Seguro que tus amigos y familiares pueden estar interesados, pero deja que sean ellos quienes acudan a ti.

Esto aligerará la carga y garantizará que ninguna de sus conexiones cercanas se vea afectada. Uno de los muchos métodos para generar dinero en Facebook, Twitter, YouTube, Instagram y otras redes sociales es a través del marketing en red.

Las habilidades que aprenderás

Emprender requiere una gran cantidad de desarrollo personal, formación y habilidades. Y el marketing en red es un sector en el que puedes aprender todas estas habilidades.

Un profesional de este campo dice: "Nunca ha sido tan fácil hacerse rico. A mí me costó más de 30 años y dos fracasos empresariales adquirir la formación y la experiencia necesarias para construir un negocio de éxito. La industria del network marketing ofrece un sistema de negocio ya hecho para cualquiera que quiera tomar el control de su futuro financiero."

Liderazgo - No puedes operar desde una torre de control si quieres ser realmente efectivo. Para impulsar su éxito y sus ingresos, necesitará que su línea descendente también rinda.

Debes dirigir a tu equipo, crear una estrategia y asegurarte de que se aplica en todos los niveles de tu negocio.

También tiene que ayudar a los miembros de su equipo, convirtiéndolos en individuos y vendedores de red más fuertes. Esto incluye la planificación, la delegación, el seguimiento, la motivación, la formación y mucho más. Los vendedores de red exitosos tienen sus habilidades de liderazgo en el punto porque tienen que manejar muchas personas bajo ellos. Todo esto contribuye a convertirse en una persona de negocios exitosa.

Ventas - En el marketing de redes, usted es esencialmente un vendedor, lo cual no es algo negativo. Simplemente, es bastante difícil de dominar porque, en el marketing de redes, se vende sobre todo un *sueño*. Un vendedor inteligente no engaña a los clientes, sino que les da una solución a sus problemas, y si el cliente está satisfecho de tenerla, hará una venta. Estas habilidades pueden contribuir en gran medida a la creación de su negocio, ya que el espíritu empresarial consiste principalmente en vender, y muchas veces venderá un producto que aún no tiene. Si ha de dominar una habilidad, domine *las ventas*.

· · ·

Cómo manejar los rechazos Al intentar hacer ventas, será rechazado con frecuencia. Ya sea por reclutamiento o por una venta, aceptar un "no" con gracia y enfocar esa energía en persuadir a otros en lugar de sentirse derrotado es fundamental para el éxito del network marketing y el éxito en general. Por lo tanto, es importante aprender a lidiar con el rechazo cuando se es emprendedor porque es parte del proceso.

Todos hemos oído la historia del inventor del foco. Fracasó 1.000 veces con la bombilla, pero su persistencia se sigue celebrando hoy y durante muchos años más.

Retorno de la inversión

Mi investigación sobre el marketing de redes resultó ser más rentable de lo que había imaginado. Me encontré con algunos conocidos que también se dedicaban al marketing de redes, y esto me animó. Después de conversar a fondo con ellos, tuve la seguridad de que si ellos podían hacerlo, yo también.

Había encontrado una excelente empresa cuyo plan de marketing era bueno y cuyos productos eran excelentes. Como estaba más que convencido, decidí iniciarme en el marketing de redes. Estaba listo para inscribirme. Sólo había un problema: no tenía el capital inicial.

Me rasqué la cabeza buscando una solución, pero con cero éxito. Hasta que uno de mis amigos de la empresa me prestó algunos productos, que creí que podría vender fácilmente a mis otros amigos. Como ya estaba aprendiendo a vender en mi trabajo, hacer presentaciones no era un problema.

Compartí los productos con algunas personas y a muchas les encantaron. Posteriormente, realicé varias ventas. El dinero que generé con estas ventas me permitió comprar mi primer paquete inicial. Estaba muy contento. Mi mundo se abría. Veía posibilidades. Mis sueños parecían estar más cerca. Un objetivo de 30 años de repente parecía posible en 5 años.

Esto era enorme. Estaba emocionada. Y no podía esperar a contárselo al Sr. Presidente.

Cuando nos reunimos el lunes por la mañana para la recapitulación, quedó muy impresionado por lo que había hecho. Especialmente por el hecho de que había iniciado un negocio de marketing en red sin utilizar mi propio dinero.

En el campo de golf, me regaló 1.000 dólares.

"Enhorabuena, Moisés, por no utilizar tu propio dinero para comprar el paquete de inicio. Acabas de poner en marcha un negocio sin capital. Estás aprovechando el dinero de los demás". Dijo.

"Espera", interrumpí, "¿es tan simple como eso?" pregunté, para asegurarme de que lo había oído bien.

. . .

"Es tan sencillo como eso", reafirmó el Sr. Presidente.

"¡Vaya! Así que es posible montar un negocio sin capital". Repetí lentamente mientras asentía.

El Sr. Presidente sonrió y asintió también.

"Y si pudiste hacerlo una vez, puedes volver a hacerlo", añadió uno de sus amigos.

Me preguntaron por mi nuevo negocio y les mostré algunos productos que nuestra empresa distribuía. Todos ellos hicieron pedidos y pagaron al instante. ¡Qué círculo tan solidario!

Separar a la gente de su dinero

Hay muchas razones por las que compramos un producto o servicio, y sería un error creer que el precio es la única consideración. Hay poca virtud (o futuro) en ser el más barato de la ciudad. La psicología de la compra es fascinante. Tal vez la lista que sigue le convenza de pensar más en una estrategia de marketing adecuada que en rebajar los precios:

Satisfacer una necesidad: todos tenemos que comer y vestirnos.

La moda: menos importante a medida que envejecemos, vital para el conjunto inteligente.

. . .

Imagen: un GTI significa más que un modelo base.

El arte de la venta: las maravillas del doble acristalamiento.

Publicidad: el poder de los medios de comunicación.

Presión de los compañeros: los escolares deben tener las zapatillas "adecuadas".

Impulso: expositores de caramelos de supermercado junto a la caja.

Precio: muchos compran lo más barato, pero puede ser un suicidio para una pequeña empresa aspirar siempre a ser la más barata de la ciudad. Afortunadamente, algunos compradores prefieren pagar más: llamémoslo esnobismo.

Ubicación y comodidad: la facilidad de aparcamiento o la cercanía a una parada de autobús pueden ser muy útiles.

Valor: se percibe como la mejor relación calidad-precio, no es lo mismo que ser el más barato.

. . .

Seguridad: los padres compran teléfonos móviles a sus hijos por seguridad.

Miedo: ¿qué pasa si no se contrata una póliza de incendios?

Legislación: la ley puede exigir la compra - de equipos de seguridad, por ejemplo.

Especificación: ¿qué hace? ¿Cumple con la normativa?

Calidad y fiabilidad: los productos baratos y de baja calidad no tienen valor a largo plazo.

Imagen de marca: por lo general, una empresa grande se impone a una pequeña.

Garantías y servicio posventa: vitales para los productos caros y cualquier novedad.

Regalo: el comprador no siempre es el usuario. Ofrecer un servicio de envoltorio (como hacen tan bien los franceses) atraerá a la clientela.

Recomendación personal: siempre es el aliciente más poderoso, especialmente para los servicios.

. . .

Hay muchas más razones y hay que pensar mucho en los clientes y en lo que buscan, y lanzar el atractivo en consecuencia. Es el desencadenante emocional el que desbloqueará las mejores ofertas. La psicología de la compra es compleja, una vez que nos alejamos de las necesidades básicas de hambre, vivienda y esa palabra de tres letras. La naturaleza humana ha permanecido probablemente igual a lo largo de los años, pero la vida se ha complicado. La brecha entre ricos y pobres, entre los que reciben un salario regular y los que reciben subsidios, ha ampliado el abismo.

Es un tópico decir que los niños crecen antes y exigen un estilo de vida diferente a sus padres. Al mismo tiempo, el nivel medio de endeudamiento por hogar ha supuesto una nueva presión para los asalariados, que recurren a la economía sumergida para llegar a fin de mes.

El marketing debe tener en cuenta estos cambios continuos en la sociedad y la forma en que repartimos nuestros recursos.

Algunos señalan que el único sector acomodado que queda es el de los jubilados o el de los que han pagado su hipoteca y se han quitado a sus hijos de encima (¿lo harán alguna vez?). Son los que se toman varias vacaciones al año, compran productos sanitarios, van a restaurantes, dejan las complicaciones del coche y el bricolaje a expertos pagados y, en general, parecen pasarlo bien. Saga Holidays fue uno de los primeros en detectar y atender específicamente a este grupo.

. . .

Pero esto tiene sus peligros. Tratar con el grupo de mayor edad requiere una fraseología delicada. Pocos se consideran viejos y es fácil ser condescendiente ("No tengo realmente 80 años, sólo 18 con 62 de experiencia").

¿El precio es el rey?

Cuando me encuentro con una pequeña empresa por primera vez, mi táctica inicial habitual es preguntar: "¿Por qué les compran sus clientes? Si la respuesta es "el precio", es decir, lo barato, suelo temer por la viuda y los huérfanos.

Aunque muchas empresas pueden pensar que su negocio se basa en una política de precios muy competitiva, en la práctica hay probablemente razones más importantes.

La ubicación, la gama de existencias o el conocimiento del producto pueden ser más importantes y permitir una mayor flexibilidad de los precios. Con demasiada frecuencia me encuentro con empresas que han malvendido su producto, han trabajado muy duro y aún se preguntan por qué parece que nunca ganan dinero. No hay ninguna virtud en ser un tonto ocupado. Uno de los aspectos menos bienvenidos de Internet (desde el punto de vista del proveedor) es que se ha hecho más fácil comparar precios. HMV vende discos más baratos en su página web que en sus tiendas. Incluso hay sitios web creados específicamente para controlar determinados productos y averiguar las marcas más baratas. Basar la estrategia de marketing en la venta barata no es una buena táctica para una empresa pequeña. Más adelante, en este mismo capítulo, se hablará de la fijación de precios.

Características y ventajas

Es importante reconocer que compramos un producto o servicio por lo que va a hacer por nosotros. Buscamos los beneficios. Una característica es lo que el fabricante ha diseñado. Puede que se diga que esto es semántica, pero si se mira casi cualquier revista de informática, para los primeros compradores la jerga suele ser impenetrable. Un gran público potencial no se atreve a comprar un ordenador porque la industria se ha envuelto en la jerga informática, en lugar de explicar en un inglés sencillo lo que hará por el usuario. El fabricante ha pagado por las características, el cliente paga por los beneficios.

O dicho de otro modo, el vendedor de taladros no vende brocas, sino más agujeros. Thomas Cook no vende paquetes de vacaciones, sino relajación, sueños, romance. En un nivel más mundano, la póliza de seguro del limpiador de ventanas no tiene ningún interés: sólo queremos saber que si se cae por el invernadero alguien pagará.

El comerciante activo nunca debe perder de vista el viejo tópico del político: "¿Qué gano yo?"

Cuando puedas responder a esa pregunta del cliente potencial, habrás hecho una venta. Cada vez que redacte una carta de ventas, escriba un anuncio o diseñe un stand comercial, debe llegar al meollo de la cuestión. ¿Por qué debería un cliente comprar sus productos? ¿Qué beneficio le aportará?

Todos los esfuerzos de marketing deben ser vistos desde el punto de vista del cliente potencial, no del tuyo. Un empresario que conozco envió varios miles de cartas y se sintió decepcionado por la escasa respuesta. Por error, le devolvieron una y el sobre estaba sobre la mesa mirándole.

Aunque sabía lo que era, lo abrió y enseguida se dio cuenta de por qué era tan horrible. Se habían cambiado las tornas.

Intenta ser objetivo: adopta una visión distante. Investiga un poco: pregunta a alguien que te dé una respuesta sincera, no a un familiar, empleado o adulador.

Aislar el segmento

El marketing se basa en la segmentación, es decir, en dirigirse a un sector preciso e identificable del mercado. La segmentación puede ser por sexo, edad, ingresos, ocupación, intereses, ubicación, comprador, cliente potencial, puesto de trabajo o lo que sea pertinente para su producto. Es un error común para las pequeñas empresas pensar en abastecer a un mercado masivo, en intentar competir con Marks & Spencer o Woolworths. Hay que encontrar un nicho en el que se pueda explotar y desarrollar directamente la necesidad y que no esté ya cubierto por un fabricante de masas. Nunca se puede competir en precio con los supermercados o con las importaciones del Lejano Oriente.

Si trabaja en el sector de la construcción y trata, por ejemplo, con arquitectos, pero también con topógrafos, gestores de proyectos, agentes de la propiedad inmobiliaria y planificadores, debe saber que todos ellos esperan recibir un trato ligeramente diferente. Su jerga, sus intereses profesionales y sus asociaciones comerciales son diferentes. Leen revistas diferentes, asisten a conferencias y exposiciones distintas y tienen su orden jerárquico dentro de la construcción.

Desarrollar su segmento le llevará a descubrir qué más puede ofrecer para satisfacer ese mercado. Puede llevar a ampliar las existencias en profundidad o a mejorar la formación y los conocimientos del personal. Amplíe el servicio más allá de los horarios populares, ya sea el turismo o la apertura a última hora de la tarde, para aprovechar los deseos de los clientes existentes. Atender las necesidades de las personas mayores o confinadas en casa significa adaptarse a la mentalidad más lenta de una época anterior. Tus valores pueden no ser los suyos. El tono de sus cartas no debe ser condescendiente y debe mostrar una comprensión de sus temores y necesidades. El mejor servicio es vital, con respuesta inmediata e integridad. Conseguirá una fuerte lealtad y la recomendación a otros. También se ha comprobado que el grupo de mayor edad presenta más quejas. A medida que envejecemos, nos volvemos más quisquillosos, pero aprenda a complacer a este segmento y disfrutará de una lealtad de por vida.

No podría vender a los adolescentes. Puedo engañarme a mí mismo diciendo que todavía soy joven de corazón, pero la cultura es un misterio, así que tendría que emplear a alguien mucho más joven y más en sintonía con las motivaciones del grupo de edad.

Un ejemplo para reflexionar. El mercado de los aperitivos es enorme, pero, como la mayoría de los productos alimentarios, el beneficio depende de una distribución rentable.

Es muy difícil para un productor de pequeño volumen abrirse paso. He trabajado con un fabricante de flapjack de fruta saludable para desarrollar un nicho de mercado para el producto, donde la publicidad y la promoción de la marca tenían que ser necesariamente nulas. Descubrimos que la producción de un tamaño más grande abría un segmento menos sensible al precio para las personas que se dedican a masticar al aire libre, y se convirtió en un producto de regalo para llevar a casa a mamá. El material para el punto de venta hacía hincapié en los beneficios.

Usuarios intensivos

Hace cien años, el economista italiano Vilfredo Pareto descubrió que el 80% de la tierra era propiedad del 20% de las personas (y de paso que el 80% de su cosecha de guisantes procedía del 20% de sus vainas). Ahora llamado principio de Pareto, los académicos han aplicado la regla del 80/20 a muchos aspectos de la empresa. Muchas empresas descubrirán que, con el tiempo, el 80% de las ventas proceden del 20% de su base de clientes. La relevancia para usted es el mensaje de que, si se concentra en los *grandes usuarios*, esos clientes potenciales clave, se puede acortar la escala de tiempo y el esfuerzo desperdiciado.

En lugar de intentar vender a todo el mundo, concentre su investigación y su gasto en marketing en identificar un núcleo de clientes que puedan tener una mayor necesidad de su oferta.

Un ejemplo simplista. La serie empresarial de la BBC *The Apprentice encomendó a* los equipos la tarea de vender un producto para perros a tres tiendas. Dos de ellas eran solas, una de las cuales era Harrods, y la tercera era una cadena de tiendas con 140 puntos de venta. Como explicó Alan Sugar, "Harrods se puso como una persiana". Un equipo se dejó seducir por el glamour de Harrods cuando debería haberse concentrado en el que tenía más potencial. En cada caso, sólo tenían que influir en un comprador.

La identificación de los grandes consumidores tiene una serie de ventajas:

- este segmento puede ser el de todos los fontaneros o el de todos los jardineros, lo que facilita la promoción (una revista o una asociación profesional puede abarcar el grueso de los miembros);

- la recomendación de boca en boca debería ser más fuerte, y eso no te cuesta nada;

- Los usuarios fieles pueden ser defensores de tu producto: poderosos impulsores o creyentes de lo que haces;

- el coste de marketing para conseguir clientes potenciales será menor y más sencillo;

- por definición los usuarios fieles compran más, por lo que la entrega, el papeleo y la tesorería se simplifican;
- Los grandes usuarios pueden formarse en clubes, o recibir correos electrónicos o un trato de favor para que se sientan especiales.

Estos usuarios fieles son sus *cuentas clave*. Hay que prestarles la máxima atención. Pero hay un peligro. No permita que un solo cliente genere más del 30% de su volumen de negocio: podría resultar fatal si no paga o cambia repentinamente su negocio a otro lugar. No dejes que la cola mueva al perro.

Segmentos de crecimiento en el mercado de consumo

Aparte de los ganadores de la lotería, en el momento de escribir este artículo el área de crecimiento significativo al que hay que dedicar más atención parece ser el de los Woofties (Well-Off Over Fifties). Este grupo se compone de personas que probablemente han pagado la mayor parte, si no todas, de sus hipotecas, tienen una relación estable, han visto a sus hijos establecerse, tienen un enorme patrimonio y posiblemente se han jubilado anticipadamente. Todavía están en forma, son activos y tienen dinero para gastar y tiempo para satisfacer sus deseos largamente reprimidos.

También es la edad en la que sus padres mueren y dejan grandes propiedades libres de cargas para alquilarlas o venderlas a valores insospechados cuando las compraron.

· · ·

Entre las necesidades de este grupo se encuentran las vacaciones de larga duración a destinos exóticos, los buenos vinos, la alimentación sana y los gimnasios, la planificación financiera y la inversión, la automoción, las mejoras en el hogar y los ordenadores domésticos; el precio no parece ser una consideración. En todos los casos, el valor y los beneficios percibidos tienen prioridad sobre el precio. Los caprichos de las subidas de los tipos de interés, los aumentos de las tarifas de los trenes de cercanías y el precio de la mantequilla tienen poca importancia. Este grupo está motivado por el disfrute, por recuperar los sueños del pasado y por mimar a los nietos. Este grupo es lo suficientemente maduro como para ver a través de la publicidad resbaladiza y pretenciosa, y generalmente no se deja llevar por las modas o la manipulación de la imagen de marca, tan importante para el mercado de los adolescentes y los veinteañeros. La moda y las marcas exotéricas tienen menos importancia.

El segmento se divide aún más a medida que envejecemos.

Cualquiera que sea el gobierno que esté en el poder, parece cada vez más improbable que la pensión de jubilación se acerque a las necesidades de la gente. Los que han tenido la suerte de hacer una provisión privada tendrán más ingresos disponibles, el resto - varios millones - es probable que pasen sus últimos años en la pobreza.

Los estadísticos nos dicen que un tercio de la población del Reino Unido tiene más de 50 años y que esta cifra aumentará a la mitad en 30 años, por lo que esta enorme porción de la población necesita mucha atención; asegúrese de dirigir el mensaje correcto a cada segmento.

Segmentos de crecimiento en el mercado empresarial

Con la desaparición de los aprendizajes, en el momento de escribir este artículo los trabajadores de los oficios cualificados pueden cobrar una prima. Ciertamente, en el sureste de Inglaterra el sector de la construcción está disfrutando de un periodo de auge, desde las ampliaciones de viviendas hasta la construcción del nuevo estadio olímpico y la regeneración de la zona.

Todo lo que sea electrónico está en demanda, pero no las reparaciones, ya que la mayoría de los artículos son más baratos de reemplazar. Por otro lado, debe haber miles de PCs estropeados que no se utilizan porque los propietarios no tienen conocimientos de informática: toda la gente que conozco con conocimientos para devolverlos a la vida lo hace muy bien gracias a 40 libras la hora (creo que me uniré a ellos).

Los supermercados no han acabado con todo en la línea de alimentación.

El nicho de calidad, artesanal y orgánico o proveedor étnico, puede crecer más satisfactoriamente en la zona adecuada. Y algunos alimentos de alto precio pueden pedirse y suministrarse a través de la web: me vienen a la mente los embutidos y el queso. Tras décadas de comida desangelada, parte del público británico parece estar por fin dispuesto a gastar más en calidad, sabor y servicio.

Mientras escribo, el auge de los precios de la vivienda parece no tener fin, al menos en el sureste de Inglaterra. Las empresas de servicios pueden aprovecharse de este frenesí ofreciendo ampliaciones de casas, jardinería, iluminación de seguridad y estatuas. Si el dinero fluye, persiga el mercado.

Haga que su producto sea diferente

A medida que los mercados se desarrollan, hay que trabajar más para *diferenciar* el producto. No tiene sentido que las pequeñas empresas con bajos presupuestos de promoción fabriquen productos "similares" y confíen en un precio económico para sobrevivir. Siempre se quedarán fuera. Hay que esforzarse constantemente por pensar en nuevas formas de añadir valor, afinar el servicio, mejorar la gama y acercarse a las necesidades del cliente. Una de las tareas más difíciles del marketing es conseguir que te recuerden. Si su producto es el mismo que el de los demás, sólo una fuerte promoción atraerá a los clientes a su puerta. No es un juego para los pusilánimes.

Las autoescuelas existen desde Henry Ford, así que los que empiezan tienen una dura competencia. En mi ciudad hay dos soluciones muy claras. Una de ellas pretende atender al "conductor joven" y la otra, sí, al "conductor maduro". La lógica es muy sencilla. Cada extremo de la escala tiene problemas diferentes.

· · ·

Los jóvenes aprenden rápido, pero son los causantes de la mayoría de los accidentes, y supongo que la mayoría de las cuotas las pagan los padres, que se sentirán atraídos por una escuela que afirma dar una base sólida y sin accidentes a la carrera de conductor. Las personas mayores, quizá las esposas que aprenden a conducir por primera vez o las que han dejado que sus habilidades se oxiden, apreciarán que les enseñe un profesor mayor y más comprensivo. Los coches de la escuela destacan las ventajas.

La cuestión es que *todas las* autoescuelas pueden enseñar y enseñan a todas las edades, pero estas dos se han propuesto hacer su servicio un poco diferente y se han dirigido a un segmento específico del mercado. El precio es entonces menos importante, porque los conductores se sienten atraídos por diferentes razones.

Redactar un plan de negocio sólido

Mi mejor día de la semana era el lunes, en gran parte porque pasaba la mayor parte del día jugando al golf con mis amigos ricos. Yo también me sentía rico. Ellos afirman.

Te conviertes en una media de las cinco personas con las que pasas la mayor parte de tu tiempo. Al pasar los días con mis cinco amigos *ricos*, sabía que yo iba a ser el sexto. Me pregunté por qué no había empezado a jugar al golf mucho antes. Bueno, más vale tarde que nunca.

. . .

Alrededor de un año después de comenzar mi negocio de marketing en red, empecé a sentirme lento. Mi vida parecía haber entrado en piloto automático. Mi negocio de marketing en red crecía de forma constante, por lo que no requería toda mi atención. Todo en el trabajo se deslizaba, y me había acostumbrado a la rutina. Empecé a preocuparme porque estaba a punto de entrar en la peligrosa zona donde mueren los sueños: la zona de confort.

Hay muchas personas que viven en lo que yo llamo "tierra de nadie". Un lugar donde no eres realmente feliz, pero no eres lo suficientemente infeliz como para hacer algo al respecto. Es un lugar peligroso. Es un lugar donde la gente se adormece con sus sueños. Es donde descartan la esperanza y aceptan lo que tienen delante en lugar de dirigirse hacia lo que realmente quieren en la vida.

No quería acabar en *tierra de nadie*. Quería cambiar un poco las cosas, y sentí que era el momento de iniciar un negocio tradicional. Sólo el hecho de pensar en ello me aceleraba la sangre. Me encantaba la emoción. Pero primero tenía que consultarlo con mis amigos *ricos a* la hora de comer.

Tras un sorbo de mi vaso de zumo, me aclaré la garganta.

Entonces pregunté: "¿Cuál sería el momento perfecto para iniciar un negocio?"

.   .   .

"No hay un momento perfecto. Sólo hay que empezar. Esa es la regla básica del espíritu empresarial". respondió el Sr. Presidente.

"Sólo asegúrate de tener un plan de negocio antes de lanzarte". Uno de sus amigos intervino.

"Todo edificio se construye tres veces. Primero, se construye en la mente. En segundo lugar, se construye en papel: el plano. Y luego se construye con ladrillos, mortero y todos los demás materiales físicos. Sin el plano, es imposible trasladar la imagen de la mente a su equivalente físico", dijo.

Como dijo el presidente de EE.UU. Benjamin Franklin: "Si no planificas, estás planeando fracasar". No se han mencionado palabras más ciertas sobre la planificación. No es de extrañar que su rostro aparezca en el billete de cien dólares.

Un plan de negocio sólido no sólo ayuda a los empresarios a centrarse en los procedimientos específicos necesarios para sus ideas de negocio, sino que también les ayuda a alcanzar objetivos a corto y largo plazo. Un plan de empresa puede ayudarle a aclarar y centrar sus ideas y estrategias empresariales. No sólo se centra en las dificultades financieras, sino también en la gestión, la planificación de los recursos humanos, la tecnología y el valor añadido para los clientes.

. . .

"Un plan de empresa puede ayudarte a identificar las posibles dificultades de tu concepto de negocio. También puedes compartir el plan con otras personas, especialmente con expertos y profesionales, para obtener sus comentarios y sugerencias", dijo el Sr. Presidente.

"Si alguna vez planeas buscar financiación para la inversión, considera la posibilidad de escribir un plan de negocio.

También puedes utilizarlo para convencer a otros de que se unan a tu empresa, conseguir préstamos de proveedores y atraer a nuevos clientes. Piensa en lo que quieres conseguir y crea un punto de partida.

No tiene por qué ser complejo. Su plan debe limitarse a esbozar su situación actual, hacia dónde quiere llevar a su empresa y cómo lo conseguirá. Aunque una buena estrategia empresarial no asegura el éxito, puede ayudar a reducir las posibilidades de fracaso", explica uno de mis amigos ricos.

"¿Tienes un plan de negocio?" Preguntaron.

"Por supuesto". Respondí. "Era un requisito para participar en el concurso".

"¡Maravilloso!" Dijo. "¿Cuántas páginas tiene?" "Treinta y cinco páginas, señor", dije, sintiéndome orgulloso de mí mismo.

. . .

¿Treinta qué? ¿Estás lanzando un cohete?" Preguntó, desconcertado. "¿Son demasiadas páginas?" pregunté.

"Usted quiere que su plan de negocio sea lo más sencillo posible, especialmente en las áreas que contienen su modo de funcionamiento diario. Las franquicias son negocios excelentes por la sencillez de sus planes de negocio, que pueden ser aplicados por cualquier persona del equipo.

No se requiere ninguna habilidad especial para interpretar un manual de operaciones de una empresa como KFC o McDonald 's. La mayoría de sus sucursales están dirigidas por personas normales y corrientes por una razón: ¡simplicidad! Y por eso tienen éxito", explicó.

"Emprender es muy parecido a conducir. Si eliges un coche de carreras de Fórmula 1, puedes pasar mucho tiempo intentando entender qué hace cada botón. Y luego ni siquiera llegarás a ponerte en marcha. Si eliges un coche automático, te irás antes de darte cuenta de que estás conduciendo. Y si sigues conduciendo durante mucho tiempo, todo se vuelve pasivo. Descubres que ya no tienes que pensar en ciertas cosas, como encender el intermitente al llegar a un cruce". Sr. Presidente.

"¿Qué debo hacer? ¿Debo borrar algunas páginas?" pregunté.

El lienzo del modelo de negocio

. . .

"¿Has oído hablar del *lienzo del modelo de negocio?*", preguntó.

"¿Lienzo del modelo de negocio? ¿Qué es eso?" pregunté, desconcertado.

"Un lienzo de modelo de negocio es una herramienta que se puede utilizar para crear nuevos modelos de negocio o examinar los existentes". dijo el Sr. Presidente, percibiendo mi inquietud y acudiendo a mi rescate.

"Proporciona un gráfico visual que incluye piezas que describen los productos o servicios de una empresa, las finanzas, la infraestructura y los clientes. Es un plano que explica cómo una empresa pretende ganar dinero. Explica quién es su base de clientes, cómo les proporciona valor y las cifras que lo acompañan. El lienzo del modelo de negocio permite definir estos elementos en una sola página". Y añade: "El lienzo del modelo de negocio permite definir estos elementos en una sola página".

"Un lienzo de modelo de negocio consta de nueve partes**,** que funcionan juntas para crear una imagen coherente de los principales motores de una empresa". Uno de sus amigos añadió: "Son los segmentos de clientes, las relaciones con los clientes, los canales, los flujos de ingresos, las actividades clave, los recursos clave, los socios clave, la estructura de costes y la propuesta de valor".

. . .

El almuerzo debió durar unas tres horas. Después, mis ricos amigos me enviaron con algunos deberes. Mi tarea era sencilla: leer todo lo que pudiera encontrar sobre el lienzo del modelo de negocio, y luego preparar el mío propio. Debía presentarlo el lunes siguiente en el campo de golf.

No hay problema. El Sr. Google tiene todas las respuestas. En cuanto llegué a casa, cogí mi portátil y me embarqué en la tarea. Me llevó un par de días perfeccionarla, y luego produje lo que consideré un lienzo de modelo de negocio perfecto para una agencia de viajes. Me sentí como un rey.

4

Crea Tiempo Para Tu Negocio

Debido a la lluvia, el golf fue un poco lento, así que pasamos la mayor parte del día tomando café en la casa club. A pesar de todo, los ánimos estaban caldeados. Les mostré mi plan de negocio y me ayudaron a hacer algunos ajustes. Me dieron algunos buenos consejos e ideas para incluir. Cuando terminamos, hice una pregunta que llevaba queriendo hacer desde ese viernes, cuando la secretaria me llamó y me invitó al campo de golf.

"¿Por qué siempre jugáis al golf los lunes?" pregunté. Todos se rieron a carcajadas, como al unísono.

Entonces el Sr. Presidente respondió: "Libertad, Moisés, libertad". ¡Vaya! "Deberías empezar a jugar al golf, también", me dijeron.

. . .

"Ah", respondí, "el golf es para los ricos, y yo todavía no estoy ahí, pero lo estaré con el tiempo".

Fue como si hubiera despertado un enjambre de abejas. Ellas respondieron.

"¡No-no-no-no!" gruñó uno de sus amigos. Lo tienes torcido. Si vas a jugar al golf de todos modos, ¿por qué no empiezas ahora? ¿Por qué quieres aprender después?

¿No sería mejor practicar ahora para que dentro de cinco años puedas jugar en torneos con nosotros? Piensa en todas las conexiones que harás cuando pases más tiempo aquí".

Nunca lo había considerado así, pero ahora que lo mencionaba, ¿por qué no? Ya me sentía especial.

Tras varias vueltas, acepté inscribirme en la academia lo *antes posible*.

"Me imagino que todos ustedes son personas muy ocupadas con mucho trabajo.

¿Cómo sacáis tiempo para jugar al golf?" pregunté. "Porque no me gustaría que afectara a mi horario de trabajo".

· · ·

El Sr. Presidente se rió a carcajadas.

"¡El tiempo se crea, *no se* consigue! Muchas personas que acuden a mí en busca de consejo afirman que no tienen tiempo para hacer las cosas que les gustan, como montar un negocio o jugar al golf. Sigo insistiendo: si es importante, crearás el tiempo para ello. Todo el mundo tiene sólo veinticuatro horas al día. Lo que hagas con tus horas depende de ti", dijo el Presidente.

"La semana laboral de 4 horas", de Tim Ferriss, busca proporcionarle más tiempo y movilidad. Estas son dos de las características de los "Nuevos Ricos" de Ferriss. Los Nuevos Ricos han abandonado el plan de vida diferida para vivir una vida de lujo ahora, y Ferris afirma que usted también puede hacerlo", dijo.

"Según Ferriss, debemos descartar la gestión del tiempo porque es una trampa. Tampoco debemos tratar de atiborrar de trabajo cada momento libre. Más bien, debemos decidir qué queremos lograr con nuestro tiempo, y luego averiguar cómo conseguir más tiempo libre mientras mantenemos o aumentamos nuestros niveles de ingresos.

Teniendo en cuenta que lo que hacemos importa mucho más que cómo lo hacemos. Aunque la eficiencia es importante, no tiene sentido si no se aplica a las tareas correctas", dijo.

. . .

Hay algo que se llama la regla 80/20 de Pareto. La noción es que el 20% de la entrada producirá el 80% de la salida.

Esto se aplica a todo, desde la distribución de los ingresos de la sociedad hasta la rentabilidad de las empresas en relación con sus productos y clientes. Teniendo en cuenta esto, Ferriss aconseja bajar el ritmo y señalar que estar ocupado es a menudo una especie de pereza porque impide pensar.

Ser productivo requiere ser juicioso en lo que se hace, e incluso hacer menos. Puedes cambiar tu vida determinando qué 20% de tus fuentes manejan el 80% de tus dificultades, y viceversa.

Además de la regla del 80/20, Ferriss también emplea la Ley de Parkinson, en la que afirma que la importancia percibida de una tarea aumenta en proporción directa al tiempo que se le dedica. Sugiere que debemos reducir nuestras horas de trabajo y centrarnos sólo en las tareas más vitales.

¿Qué ocurre si se combina esto con la regla del 80/20?

Al identificar las pocas tareas clave que proporcionan los mayores ingresos -80/20- y luego programarlas con plazos cortos y claros -Ley de Parkinson-.

"¿Me estás diciendo que puedo hacer menos trabajo y ganar más?" pregunté.

. . .

"¡Claro que sí! Sólo tienes que ser clínico con tus tareas". Uno de los amigos ricos respondió.

Cómo crear más tiempo para su negocio

"Entonces, ¿cómo puedo crear tiempo para jugar al golf mientras trabajo y tengo un negocio a tiempo parcial?". pregunté.

Tome el control de su horario

Haz todo lo que puedas para mantener la mayor parte de tu horario bajo tu control. Determina cuándo eres más productivo y planifica tu trabajo en torno a esas horas.

Si realizas cualquier tipo de trabajo creativo, tendrás que encontrar un método para reservar tiempo y espacio para tus proyectos en un entorno relajado y según tu propio horario. Puede que no tengas un control perfecto de tu vida, pero eso está bien. Afirma tu independencia y toma tus propias decisiones siempre que tengas poder o puedas restablecerlo.

El primer paso hacia el cambio, según Darren Hardy en The Compound Effect, es la concienciación, y la mejor manera de tomar conciencia es medir. Sugiere que hagas un seguimiento de tu comportamiento en un área determinada de tu vida durante al menos una semana para ser plenamente consciente. Cree que no se puede mejorar algo hasta que no se mide primero.

Empieza por hacer un seguimiento de tu tiempo durante una semana, anotando qué tareas realizas en determinados momentos y la duración de las mismas. Aísla las actividades que más tiempo te quitan y averigua cómo reducir el tiempo que les dedicas.

Cancelar las actividades que no son importantes

¿Sabes que a veces aceptas algo aunque no te guste? Pues bien, evita llevarlo a cabo.

Cancela esa reunión o niégate a participar en una actividad de grupo que te da pavor. Te sorprenderá el tiempo que puedes liberar.

Según los Cuatro Cuadrantes de la Gestión del Tiempo, todo lo que se hace en la vida puede clasificarse según su importancia y urgencia. A menudo nos pasamos la vida centrándonos en lo urgente y no en lo importante. Es fundamental entender la diferencia entre ambos.

. . .

"¿Estoy haciendo esto porque realmente es importante o porque simplemente es urgente?" Pregúntese cada vez que se enfrente a una decisión.

Las cosas que son importantes y urgentes no deben pasarse por alto. Sin embargo, cuanto más tiempo dedique a las tareas no urgentes pero críticas (prevención, planificación y mejora), menos crisis y emergencias tendrá que afrontar.

Deje de ver la televisión o reduzca su tiempo

No creo que ver la televisión sea algo malo. No es un gran problema si tienes una serie favorita. Sin embargo, si tienes once series favoritas, esto puede ser un problema.

Puedes utilizar la televisión u otras formas de entretenimiento como recompensa por cumplir con los deberes y las tareas. Dedica la mitad de tu pausa para comer a ver un episodio de ese programa después de haber cumplido con ese enorme punto crítico de tu lista de tareas del día. Aparte de eso, mantén la cabeza baja.

Hacemos tiempo para las cosas que nos importan. ¿Cuáles son las cosas que son importantes para ti?

Planifique su día con antelación

· · ·

Antes de irte a la cama, pregúntate: "¿Qué es lo más importante para mañana?

¿Cuál es la actividad que me acercará a mis objetivos si no se hace nada más?"

Asegúrate de realizar esta actividad antes de incluir cualquier otra cosa en tu agenda. Así, en lugar de lamentarte, sentirás la satisfacción de haber logrado algo importante cuando luego veas una película o hagas cualquier cosa que relaje tu espíritu.

Con esta estrategia, aunque duermas al menos seis u ocho horas por noche, tendrás más tiempo.

Realiza primero lo más difícil

Siempre hay algo extra que hacer, y esto puede disuadirnos de las tareas más importantes. Para combatir las aparentemente interminables distracciones, elige lo más importante desde el principio. Luego, antes de hacer cualquier otra cosa, termina esa tarea o actividad.

Cuando se realizan primero las tareas grandes, uno se llena de energía y termina completando aún más tareas pequeñas debido a la motivación y el impulso generados.

· · ·

Los problemas especiales de la comercialización de servicios

En los viejos tiempos, antes de que el marketing se pusiera de moda, había productos y servicios: uno era proveedor de uno o de otro. En cierto modo, se consideraba denigrante prestar un servicio en lugar de fabricar un producto para venderlo. Los años de Thatcher fueron el punto de inflexión de la economía británica.

Parece claro que el sector del mercado seguirá generando más puestos de trabajo que la industria manufacturera, general-mente porque se necesita menos capital para establecerse. Las necesidades de locales y plantas suelen ser menores, mientras que muchas pequeñas empresas manufactureras son subcon-tratistas o proveedores de componentes sujetos a una demanda que a menudo escapa a su control.

La comercialización de los fabricantes se realiza a menudo a través de intermediarios -mayoristas, agentes, minoristas-, con todos los problemas de lentitud de pago, deudas incobrables y márgenes ajustados. Los productos pueden tocarse, dejarse caer y someterse a pruebas con respecto a las normas acordadas.

Los servicios se compran mucho más por recomendaciones personales, por reputación. La imagen y el prestigio de los locales, así como la confianza y la integridad del vendedor, contribuyen a aumentar la confianza de los clientes. Los proveedores de servicios son más proclives a tratar con el usuario final, el comprador, el cliente. Suelen estar más cerca del mercado y pueden ajustar mejor los precios, los volúmenes y el mensaje de venta. Es este enfoque más nítido el que requiere atención. Cuando se comercializan intangibles -o, como dice el Tesoro, "invisibles"- se trata de una creación mucho más personal.

El negocio de las personas

El sector de los servicios es un negocio de personas. El cliente es el rey y espera que se le trate como a una persona, con todas sus peculiaridades y debilidades.

Siempre he admirado a quienes tienen el don de parecer que te prestan toda su atención como si nada más importara en el mundo entero. Te hacen sentir especial.

No sólo debe creer en lo que hace, sino que debe transmitir esa convicción a todo su personal. Todos ellos son embajadores de su empresa. Esto significa escucharles, no sólo decirles, preguntarles lo que piensan y hacer que se sientan implicados en la empresa. Tu propia motivación es diferente. Usted es el jefe, quizás con su nombre sobre la tienda. Si tus compañeros sólo trabajan por la paga al final de la semana, será una existencia bastante desanimada.

A menudo se pasa por alto el pago del salario adecuado y el agradecimiento por sus esfuerzos. Intente evitar regañarles siempre: sorpréndales haciendo algo bien, y dígaselo. La motivación de las personas es mucho más que el salario.

La delegación suele ser difícil para los propietarios de pequeñas empresas, pero delegar o morir.

La formación adecuada y las ausencias ocasionales con suplentes a cargo ayudan a generar confianza. Es tan importante que merece un libro por sí solo.

Lo ideal es hacer crecer a sus propios directivos desde dentro, de modo que tenga una estructura de carrera reconocida y objetivos a los que aspirar. Inevitablemente se necesitará algo de sangre fresca para aportar una visión externa, pero no decepcione a su propio personal sin una buena razón.

La imagen

Dado que los servicios son intangibles, hay que prestar mucha atención a la creación y el mantenimiento de una imagen sólida de la empresa. Por imagen, estoy incluyendo la reputación y el servicio postventa, así como la presentación más obvia de la empresa.

Resulta cansino repetir el viejo adagio de que nunca se tiene una segunda oportunidad para causar una primera impresión, pero es cierto. Dirigir un negocio de servicios es así. La imagen total de su actividad puede verse fácilmente empañada por una apariencia descuidada, un personal informal o el incumplimiento de una promesa. Todo esto está envuelto en esa creación tan abusada de *las relaciones públicas*, que la mayoría de nosotros diría que es de puro sentido común.

Si invitas a los clientes a tu local, gran parte de la atmósfera será generada por la decoración, el mobiliario, el color, la iluminación y, quizás, la megafonía, por no hablar del aire acondicionado. En mi tienda de discos más cercana parece que siempre hay música rock a todo volumen, pero hay estanterías con títulos clásicos. No la visito a menudo. Hay pruebas de que el sentido del sonido es más emotivo que el de la vista.

Los bares, los hoteles y las peluquerías son muy conscientes de que deben dar el tono adecuado. Los pequeños detalles, como las etiquetas de precios, son importantes. La imagen gráfica que se presenta puede ir desde el buen gusto y la discreción hasta el Day-Glo de la frutería. Incluso su bolsa de transporte (verde y dorada de Harrods) no sólo ha entrado en el folclore clásico, sino que es, para entrar en la jerga, una declaración de moda sobre usted mismo. Todo es gloria reflejada.

En realidad, estamos hablando del entorno total en el que usted opera. Es la personalidad que puede crear y gestionar la que posiciona su negocio en el mercado y atrae, repele o selecciona el tipo de cliente que es bueno para su negocio.

Necesita más de ellos.

La calidad
Las normas de calidad son ya *de rigor* en muchos sectores.

. . .

Obtener la acreditación puede implicar la revisión de los sistemas de control y gestión del papel durante muchos meses. Hay que elaborar manuales y procedimientos. En muchos aspectos, la garantía de calidad es una cuestión de sentido común y una buena práctica empresarial, pero el seguimiento del papel puede resultar molesto, ya que los archivos deben conservarse durante muchos años. Los costes superan los 1.500 euros, además de las auditorías anuales.

Pero no es necesario que una empresa externa certifique sus normas de calidad: la necesidad debería ser obvia. Una vez ayudé a una pequeña empresa a lanzar una gama de galletas. Parte del atractivo era que estaban hechas a mano, pero el peso variaba de 200 a 125 gramos, lo que habría estado bien, si no fuera porque se cobraba el mismo precio por todas.

El mensaje personal

Las empresas de servicios son mucho más personales que los proveedores de productos, o deberían serlo. El éxito proviene de la voluntad y la flexibilidad para satisfacer o incluso anticiparse a las necesidades del cliente de forma individualizada y cara a cara.

Adaptar un servicio, ya sea un diseño de cocina, unas vacaciones, un curso de fitness o una comida en un restaurante, hará que el cliente se sienta querido y especial.

. . .

Lo que cuenta es la atención al detalle. El lazo en el envoltorio del regalo, las flores en el asiento trasero de un coche nuevo, barrer después de una obra o simplemente hacer que el cliente se sienta bienvenido.

Conozco a un propietario de una casa de campo que deja leche en la nevera, pan local y huevos de granja en la cocina, y flores frescas en el salón. Cuando se habla de un alquiler de más de 400 libras a la semana, el coste de estos pequeños extras es irrelevante, pero marca la pauta de cómo te acercas a tus clientes. El medio publicitario más poderoso es la recomendación -el boca a boca-, donde un cliente satisfecho puede ser un gran defensor de su negocio. Y todo ello sin coste adicional.

Para los que se dedican a los servicios, gran parte de su éxito se debe a la *formación*: un personal motivado y bien informado que cree en usted y en lo que hace puede superar todo tipo de dificultades. Hace mucho tiempo, un psicólogo industrial estadounidense descubrió que la mayor motivación de las personas no era el dinero, sino la satisfacción de hacer bien su trabajo y ser apreciado por sus superiores. Todos necesitamos un poco de amor de vez en cuando.

Por último, hay que decir que la distinción entre un proveedor de servicios y de productos es a menudo borrosa.

. . .

El mejor fabricante se da cuenta de que acentuando el servicio prestado se ganará una mejor relación. Como muchos fabricantes se han encontrado con que los últimos 10 años han sido muy duros, los supervivientes han aprendido a dar más importancia a su servicio y a reducir la dependencia de la reducción de precios. Las pequeñas empresas han tenido que aprender que la única manera de competir con las más grandes es ganándoles en calidad de servicio y atención individual.

El ciclo de vida del producto

Aunque he intentado mantener la teoría al mínimo, hay una ley inmutable de los negocios que deberías conocer: el ciclo de vida del producto. Todo producto -y empresa- tiene un nacimiento, una vida y una muerte final. En la figura 1.9 se muestra un gráfico de su progreso en términos de ventas y beneficios y, aunque el ángulo de inclinación será diferente para cada negocio, muchos seguirán a grandes rasgos ese patrón. De ti depende que la pendiente descendente sea gradual durante el mayor tiempo posible.

Aunque los detalles son en gran medida patrimonio de los académicos, siempre hay que tener en cuenta la inevitable teoría. Hace veinte años, ¿quién habría pensado que la poderosa IBM -mucho más grande que todos los demás fabricantes de ordenadores juntos- se vería amenazada?

Pero la miniaturización y la autocomplacencia juntas destrozaron su mercado.

. . .

Prolongar la vida del producto significa estar atento a la competencia, invertir en nuevos diseños y anticiparse a los cambios en la legislación, la moda y la demanda de los consumidores. Es el ritmo de los cambios lo que puede asustar hoy en día. A medida que el mundo se encoge, sólo sobrevivirán las empresas progresistas.

Ampliación del ciclo de vida de los productos

Es discutible si es el primero o el segundo en el mercado el que obtiene más beneficios. A menudo, el primero señala el camino, permitiendo al segundo aprender de los errores del otro. A menudo resulta caro ser el pionero. Todo depende de lo dispuesto que esté el consumidor a aceptar la oferta.

Las cámaras de película casi han sido sustituidas por las digitales, pero la vida del producto se prolongó gracias a que Fuji inventó la cámara de un solo uso.

Un amigo mío, fotógrafo profesional, regaló a cada invitado una cámara desechable en su boda, y los resultados fueron sorprendentes e instructivos: buena idea de Fuji.

La relajación de las leyes sobre el comercio dominical ha agravado el declive del comercio del centro de la ciudad y del pequeño comerciante tradicional. Tienen que decidir si abrir aún más horas, especializarse más o encontrar huecos en el mercado que las multinacionales están ignorando.

Innovación y gestión de productos

Las empresas comprometidas con la innovación sobrevivirán, pero se necesita una mente ágil y recursos para mantenerse a la vanguardia. Su gama de productos y servicios debe seguir siendo percibida como más beneficiosa que la de sus rivales. Una gestión eficaz de los productos implica vigilar de cerca la contribución a los beneficios que hace cada línea. No se deje engañar por la rentabilidad global.

Examine cada línea vendida y forme un juicio. Los planes a largo plazo deben actualizarse siempre para mantener una visión estratégica de hacia dónde va el negocio. Vivimos en un mundo cambiante. Asistir a la feria, leer las revistas y preguntar a los clientes debería ser obligatorio.

Un comercio de servicios podría emular a una floristería a la que he ayudado. Sugerí poner una tarjeta de respuesta pagada en cada arreglo que se enviaba por correo.

El destinatario estaba encantado de responder, ya que apreciaba que el proveedor no había puesto límites cuando la mercancía salía de la tienda. Aparte de la comprobación de los plazos de entrega por parte del transportista, eso tranquilizaba al cliente y le hacía ver que el florista se preocupaba por el servicio, y además le aportaba un negocio extra.

El buzón de sugerencias del personal puede ser una broma en algunas empresas, pero no debería serlo. Honda tiene toda una fábrica en la sombra reservada para que el personal diseñe nuevos productos que pueden no tener relación con los motores.

Pedir al personal mejoras o ideas debería formar parte de las actividades de toda empresa progresista. Involucre a todos y llévelos con usted.

5

Empezar Ahora, Empezar Poco A Poco

UNA SEMANA me pareció más larga de lo habitual. Me moría de ganas de enseñarles mi plan de negocio de una página. La semana anterior sólo había insinuado que iba a abrir un negocio, y me habían pedido que dibujara un plan de empresa. Pero no les dije que iba en serio con lo de empezar un negocio inmediatamente. No estaba seguro de cómo iban a recibir la noticia. Probablemente me dirán que me estoy precipitando", pensé.

Por cierto, la idea les encantó.

"Me estaba preocupando. Pensé que te habías acomodado demasiado y habías olvidado tu sueño". dijo el Sr. Presidente con una sonrisa.

¿Estoy intentando hacer demasiado? pregunté.
"No, en absoluto", dijo. "Emprender es morder más de lo

que puedes masticar, y luego aprender rápidamente a masticarlo. Sé que lo vas a conseguir".

Eso fue alentador. Necesitaba escuchar esas palabras.

Tomando un sorbo de su taza de café, preguntó: "Ahora, ¿cuál va a ser tu primer paso?"

"¡Todavía no lo he descubierto!" Dije. "¿Cuál debería ser mi primer paso?"

"Registro". Dijo. "Registre su negocio. Esto hará que tu negocio *sea real*. Y ya no lo postergarás más". "¿Ya tienes un nombre?" Preguntó.

Le dije que sí.

"¡Maravilloso!" Dijo: "Entonces hazlo. Quiero ver tus documentos de registro lo antes posible".

Estuve de acuerdo.

Así que registré el negocio y les mostré los documentos.

. . .

Necesitaba que el negocio se pusiera en marcha inmediatamente, así que tenía que resolver muchas cosas, ya que estaba decidido a empezar y construir el negocio con un capital mínimo o sin él. Entonces el Sr. Presidente me enseñó algo que cambió mi vida sobre cómo empezar a pequeña escala frente a empezar a lo grande.

Dice que muchas empresas no pueden sobrevivir más de un año porque sus propietarios se lanzan a hacer demasiadas cosas a la vez al principio. La presión es excesiva para los empresarios, normalmente inexpertos, y acaba obligándoles a cerrar el negocio.

Los expertos afirman que el primer paso es controlar tus progresos el día que empiezas a hacer ejercicio, o cualquier objetivo que te hayas marcado. Dice que hay que observar lo que ha ido bien y lo que no ha ido bien al final de cada día, semana o mes. Esto te permitirá mejorar el siguiente día, semana o mes.

Tienes que seguir el desarrollo de otras personas y utilizar sus logros como motivación para tus propios esfuerzos. Por ejemplo, si quieres ser novelista, estudia los blogs y libros de autores de éxito del mismo género o negocio que tú.

Esto te proporcionará algunas sugerencias sobre cómo mejorar el proceso de escritura de tu libro. El efecto compuesto dice que las pequeñas mejoras producirán resultados notables cuando se apliquen con constancia.

· · ·

Recuerdo una época en la que era más joven y quería construir músculos enormes. Estaba tan obsesionado y decidido a construir un cuerpo que perteneciera a las revistas que no permitía que la pereza me detuviera. Así que me inscribí en un gimnasio cercano y me compré un equipo de entrenamiento. Sabía que me llevaría tiempo desarrollar músculos como los del legendario Arnold Schwarzenegger, y estaba dispuesto a ser paciente. Pero para acelerar mis resultados, decidí que me estiraría durante dos horas cada día.

Sería el jefe en la fiesta de fin de año en la playa.

Hacia el final de la primera sesión de dos horas, sentía los brazos como si estuvieran cubiertos de cemento y hormigón.

Me pesaban demasiado para poder levantarlos. Supe que era hora de parar. Luego, cuando me fui a casa, el dolor empezó a aparecer gradualmente. Ese día, me di la ducha más difícil de mi vida. Estaba extremadamente agotada, así que me dormí durante unas 20 horas. Cuando me desperté, me dolía mucho todo el cuerpo. Me sentía como si me hubieran clavado un millón de agujas por todo el cuerpo.

Me dolía cada centímetro y apenas podía moverme.

Sí, lo has adivinado bien: no volví a ir al gimnasio. Si alguna vez has ido al gimnasio, estás familiarizado con la experiencia.

· · ·

Muchos empresarios empiezan sus negocios de la misma manera. Quieren darse de alta hoy, derraman su sangre, sudor y lágrimas en el negocio y mañana esperan la popularidad de Starbucks, Facebook o Google. Y si el crecimiento no se produce como esperaban, cierran el negocio y lo consideran una pérdida: otra estadística de fracasos de startups.

Recordemos la poderosa pero breve locura de las puntocom, que duró unos 18 meses, de septiembre de 1998 a marzo de 2000.

Fue una fiebre del oro en Silicon Valley. Cuando se derrumbó, todo el mundo aprendió a ver el futuro como algo esencialmente incierto. Los emprendedores que aguantaron en Silicon Valley aprendieron accidentalmente cuatro principios clave que siguen siendo válidos hoy en día: (1) hacer un progreso incremental, (2) ser delgado y adaptable, (3) superar a la competencia y (4) centrarse en el producto, no en las ventas.

Puede que los tiempos hayan cambiado, pero muchos de estos puntos siguen siendo válidos.

A partir de ahora, consideraré el esfuerzo de cada día como un solo golpe de mi espada contra un poderoso roble. El primer golpe puede no causar un temblor en la madera, ni el segundo, ni el tercero. Cada golpe, en sí mismo, puede ser insignificante y parecer sin importancia. Sin embargo, por los golpes infantiles, el roble acabará cayendo. Así será con mis esfuerzos de hoy.

. . .

Seré semejante a la gota de lluvia que arrastra la montaña; a la hormiga que devora al tigre; a la estrella que ilumina la tierra; al esclavo que construye una pirámide.

Construiré mi castillo ladrillo a ladrillo, porque sé que los pequeños intentos, repetidos, completarán cualquier empresa. Estas son afirmaciones de un experto.

La fuerza más crucial de una empresa joven es el pensamiento nuevo. Incluso más vital que la velocidad y la agilidad, el tamaño reducido permite tener más tiempo para reflexionar. Las startups se basan en la idea de que hay que colaborar con otros para hacer las cosas, pero también hay que ser lo suficientemente pequeño para hacerlo.

Comí con mis amigos ricos y les prometí que me pondría en contacto con ellos el lunes siguiente para ponerles al día. Rápidamente, me apresuré a trabajar en mi negocio.

Planes de marketing

En treinta años de ayuda a las pequeñas empresas, sólo recuerdo un puñado de ellas que hayan elaborado un plan de marketing escrito y con costes. Los gestores bancarios suelen exigir un plan de negocio y una previsión de tesorería, pero rara vez ven o entienden la necesidad de un plan de marketing.

¿De dónde se supone que saldrán las ventas para impulsar el negocio?

No estoy sugiriendo treinta páginas de esperanzas descabelladas, pero la mayoría de las pequeñas empresas deberían agradecer la disciplina de un par de páginas de exposición:

o qué ventas hay que alcanzar como punto de equilibrio;

o a qué segmentos principales hay que dirigirse;

o una lista corta de cuentas clave o de posibles usuarios intensivos;

o métodos de promoción: anuncios, boletines informativos (incluido el correo electrónico), espectáculos, correo directo, fuerza de ventas, etc;

o nuevos productos;

o fechas y costes;

o revisión y seguimiento.

Parte de la preparación de su plan de marketing consiste en realizar un análisis DAFO:

Puntos fuertes: en qué eres bueno (producción, marketing, finanzas, motivación de personas, etc.).

Puntos débiles:enumera sin reparos aquello en lo que no eres tan bueno, para lo que puede que necesites contratar a expertos.

Oportunidades: los huecos en el mercado, donde la competencia es débil o aparece una nueva demanda.

. . .

Amenazas: qué hace la competencia.

También se conoce como *auditoría de marketing* y trata de enumerar todas las facetas de la empresa, del mismo modo que la auditoría financiera se ocupa del aspecto monetario de la empresa.

A continuación, se abordan los *objetivos de* marketing en términos de segmento de mercado, posicionamiento de los productos, ampliación de la base de clientes y cuota de mercado. Estos objetivos deben ser específicos, razonablemente alcanzables y susceptibles de ser controlados.

La *estrategia* necesaria para alcanzar estos objetivos detalla la política de precios, los canales de distribución, los métodos de promoción, el servicio posventa, etc.

Cada segmento de mercado necesitará un esquema de estrategia diferente porque cada uno responderá a estímulos y apelaciones diferentes. Habrá que ajustar la mezcla de marketing.

Por lo tanto, su plan de marketing tendrá que cubrir lo siguiente:

Información sobre el mercado: lo que busca el cliente, los proveedores existentes, los niveles de precio y satisfacción, las tendencias.

· · ·

Segmentos: ¿dónde están los huecos, dónde está el beneficio, qué tamaño tiene la base de clientes?

Análisis DAFO: cómo se pueden adaptar las necesidades del cliente a los puntos fuertes de la empresa.

Objetivos principales: señalar las metas que deben alcanzarse.

Estrategia: planificar cómo alcanzar esos objetivos.

Auditar los resultados para controlar los progresos. No vale la pena elaborar ningún plan si no se establece algún medio para revisar los avances e introducir cambios cuando sea necesario.

Los objetivos

Deben ser fácilmente medibles, específicos y alcanzables de forma realista. Hay que mirar a corto plazo (el próximo ejercicio) y a medio plazo. Algunas instituciones de la ciudad y las solicitudes de las escasas subvenciones del gobierno piden las proyecciones de los próximos tres años, una tarea algo insondable. Los objetivos pueden ser el aumento de la facturación, el incremento de las ventas por empleado, el aumento de la cuota de mercado o, lo más importante, el aumento de los beneficios. El trabajo más difícil y el primero es preparar la previsión de ventas.

· · ·

La previsión de ventas

Las empresas existentes tienen una clara ventaja. Tienen registros en los que basar sus predicciones, desglosados en segmentos de mercado, clasificaciones de productos, áreas geográficas, canales de distribución y otros estratos importantes. Las nuevas empresas van a tientas en la oscuridad.

Sin embargo, para ambas partes hay similitudes. Las influencias sobre la demanda serán comunes a ambas y habrá que evaluar las mismas fuentes de información.

El mercado

¿A qué segmento del mercado se dirige? ¿Dónde están los huecos? ¿Es probable que crezcan o se reduzcan? ¿Cómo se pueden definir: edad, sexo, nivel socioeconómico, zona, industria o consumidor?

Las tendencias

¿Cuáles son las influencias que pueden afectar a la demanda? ¿Cuáles son las tendencias? ¿Existe una nueva tecnología en ciernes, legislación gubernamental, cambios fiscales, moda, influencias estacionales, restricciones comerciales indebidas?

· · ·

El concurso

¿Qué hace la competencia? ¿Se está atrayendo a nuevos competidores a su segmento? ¿Tendrá que ofrecer más descuentos, promociones de ventas, personal de ventas, etc., para mantener su cuota de mercado?

Productos

¿Qué cambios están previstos en la gama de productos? ¿Se abandonan los productos obsoletos o se introducen otros nuevos? ¿Cuáles son los más rentables?

¿Pueden renovarse las líneas existentes o promocionarse con mayores beneficios o valor añadido para atraer a un público más amplio? ¿En qué punto del ciclo de vida del producto se encuentran?

Consideraciones sobre la estrategia

¿A qué velocidad quiere crecer? ¿Qué otros recursos y limitaciones hay que tener en cuenta: finanzas, locales, personal, etc.? Aunque el empresario experimentado puede conocer muy bien sus propias capacidades, muchas circunstancias ajenas a su control o conocimiento pueden hacer que cualquier intento serio de previsión no sea fiable. Los cambios en los tipos de interés bancarios o en la fiscalidad pueden desvirtuar las decisiones de inversión en sectores enteros.

. . .

Debería ser bastante factible planificar una previsión de ventas a corto plazo dentro de las capacidades productivas y de distribución existentes en la empresa.

Más allá de eso, muchas industrias están sujetas a ciclos de demanda. El CBI elabora periódicamente encuestas entre sus miembros en las que se predice la confianza futura en las carteras de pedidos, lo que influye mucho en todos los miembros de ese sector. A más largo plazo, las previsiones son inevitablemente menos precisas, ya que se basan en tendencias y no en cifras reales.

Elaboración de la previsión de ventas

Hay dos áreas principales a tener en cuenta: la investigación documental y la investigación de campo o por encargo.

Debido a la inflación, a menudo es más realista comparar los resultados de su propio año sobre la base de unidades en lugar de valores monetarios. Los efectos de los descuentos en los precios y otras manipulaciones darán una imagen distorsionada.

Para las empresas multiproducto puede ser más sencillo recordar la regla de Pareto 80/20: el 80% de sus ventas suelen proceder del 20% de sus existencias. Concéntrese en sus líneas mejores y más rentables. Aceptación, encontrar una resistencia más dura que las líneas más maduras. La rentabilidad será sin duda diferente en función de la posición del producto en la curva.

. . .

El tiempo es el mayor enemigo de un análisis más sofisticado. Pocas empresas pequeñas tienen el tiempo necesario para dedicarse a un examen detallado de las estadísticas o han desglosado sus propios registros en el número necesario de rúbricas. Lo ideal sería que se tratara de líneas de productos (volumen de negocio y contribución a los beneficios), escala temporal (para detectar las fluctuaciones estacionales), zona (penetración de la fuerza de ventas o concentración del esfuerzo de marketing) y canales de distribución (mayoristas, minoristas, agentes o respuesta directa).

La influencia que tendrá una buena página web en el volumen de negocio es difícil de determinar en esta fase inicial de su desarrollo. Las cifras de comercio sugieren que puede obtener entre un 5% y un 20% de volumen de negocio procedente del comercio electrónico, pero cada empresa es diferente y el mundo de las compras está algo revuelto. Es imposible obtener cifras exactas.

Investigación de campo

Las grandes empresas gastan grandes sumas en la investigación continua de las actitudes de sus clientes y en la evaluación de la competencia. De vez en cuando se puede encontrar un informe de segunda mano a un coste reducido que no está demasiado desfasado y es relevante para las empresas más pequeñas. En el siguiente capítulo se explica cómo encontrar estos estudios.

En este ámbito de la previsión de ventas, querrá plantear a las muestras de su público objetivo preguntas básicas sobre los niveles de pedidos futuros, el calendario, el valor y la respuesta a los incentivos de precios, los nuevos envases o los cambios en los métodos de promoción. Si se acerca a su segmento de mercado y se actualiza periódicamente, no le pillará desprevenido ningún cambio en las condiciones del mercado. También es una buena idea mantenerse al día con la prensa especializada y visitar exposiciones.

La estrategia

Esta sección del plan de marketing será su herramienta de trabajo, en la que enumerará las acciones que se llevarán a cabo a lo largo del año, con los correspondientes gastos y el seguimiento de los resultados. Puede enumerar los folletos que se imprimirán, las ferias a las que se asistirá, los anuncios que se diseñarán y colocarán, es decir, todos los gastos de marketing en los que se incurrirá.

¿Cuánto va a costar mi marketing?

Para muchas empresas el marketing es una actividad inconmensurable y elástica, imposible de costear o presupuestar. ¿Qué se incluye en la partida? ¿El calendario de buena voluntad de Navidad? ¿El coche del vendedor?

. . .

Para algunas personas ajenas al mundo empresarial, el marketing es una confusa miasma de correo basura y relaciones públicas, o como me dijeron hace poco: "El marketing es una estafa".

Muy estimulante para el ego. La mayoría de las empresas sólo invertirán si pueden cuantificar las recompensas con un grado justo de precisión y expectativa. Compre un camión hoy y un vistazo a *la Guía de Glass* le dará una estimación justa del valor de canje dentro de tres años. Poner un anuncio en una revista nueva, y nadie puede estar seguro de los resultados que se obtendrán.

El marketing no es una ciencia exacta - parte de su atractivo y desafío - pero algunas de las variables pueden eliminarse o al menos reducirse. Más adelante se argumentará que la publicidad no debe realizarse salvo cuando la respuesta pueda ser medido directamente. El marketing de respuesta directa puede y debe probarse antes de lanzar cualquier campaña importante.

Entonces, ¿cuánto debe gastar? Cada negocio es diferente.

El comerciante de mercado gastará una cantidad ínfima, confiando en la posición y en la repetición de la clientela.

El comerciante de automóviles tendrá que promocionar sus existencias, que cambian continuamente, para atraer a los clientes ocasionales. Todavía no he visto una fórmula satisfactoria para equiparar los costes con los beneficios, pero por si sirve de algo, se supone que hay unos 15 métodos diferentes, los más populares:

1.Lo mismo que el año pasado.

2.El año pasado más un X% (y X puede ser cualquier cosa).

3. Un porcentaje de las ventas pasadas, las ventas previstas, los beneficios brutos o los costes unitarios.

4.La relación con su cuota de mercado (si la conoce).

5.Lo que se cree que gasta la competencia.

6.Lo que tú (o el director del banco) crees que puedes pagar.

Aceptando que las generalidades ayudarán a poca gente, puede servir de guía si digo que no sería extraordinario que una nueva empresa dedicara el 5% de las ventas brutas a la comercialización, reduciéndose a la mitad cuando esté más establecida. Otras influencias a tener en cuenta son:

- Los mercados bien desarrollados y concurridos necesitan más promoción para acentuar lo que a menudo son diferencias mínimas entre las marcas.

- Las compras poco frecuentes (artículos de capital) necesitan una promoción periódica para recordar a los clientes potenciales.

- La comercialización de un producto de consumo general es invariablemente ruinosa y costosa para una pequeña empresa, a menos que pueda montarse en la espalda de otra.

- Las rebajas y las ofertas de precio reducido necesitan una promoción frecuente para alertar a los clientes potenciales.

- Los artículos de alta calidad y con fines específicos que se venden en una zona pequeña rara vez necesitan una gran promoción. La recomendación personal llena el vacío.

- Los mercados especializados que pueden identificarse fácilmente deberían necesitar menos promoción. (Este es el hueco ideal para las pequeñas empresas).

- Si el mercado se expande con la nueva competencia, tendrá que mantener su nombre visible.

- Si su producto dura mucho tiempo, tendrá que seguir buscando nuevos clientes.

Aislando la publicidad, la Advertising Association publica una tabla que muestra el gasto en publicidad como porcentaje de la facturación. El primer puesto de la lista, con un 6%, lo ocupan los productos médicos y de aseo. Las bebidas y el tabaco gastan un 1,12%, mientras que la industria gasta un 0,47%.

La moraleja evidente es que los productos se comercializan de forma diferente. La industria se basa mucho más en la venta cara a cara y en las ferias. El sector de los seguros ha pasado a utilizar más la publicidad directa. Los productos de consumo se anuncian mucho en la televisión y las revistas de moda.

. . .

Resumen

- Aspirar a ser una empresa de mercado y no de producción.
- Convierta a sus clientes en el centro del negocio.
- Satisfaga una necesidad concreta. Intente comprender la motivación de su cliente potencial.
- Haga hincapié en el valor, rara vez en el precio. Aísle las principales razones por las que la gente debería comprarle. Responda a la pregunta "¿Qué me aporta?".
- Intenta atraer a un segmento de mercado distinto: no puedes vender a todo el mundo. Habla en el tono que toque la fibra sensible del lugar donde posicionas tu producto.
- Busca las lagunas y aprovéchalas. Intenta detectar las tendencias. Dónde está cayendo la competencia?
- ¿Cómo puede llegar a ese segmento de forma más rentable? Establezca la estructura de precios de su sector: tenga en cuenta los márgenes de los intermediarios.
- Encuentre a los grandes usuarios y establezca el ciclo de compra. ¿Con qué frecuencia comprarán las personas?
- Planifica tus objetivos y elabora tu estrategia.
- Procure prestar el mejor servicio e intente siempre cumplir sus promesas.
- Recuerde que Internet es solo un canal de marketing más, no es la cura para todos los problemas del mundo.

OBTENER UN SITIO WEB GRATUITO

Como iba a montar una agencia de viajes, era imprescindible tener una página web. Sabía un poco cómo construir un sitio web, pero requeriría muchas visitas a mi muy entendido amigo, el Sr. Google. También tendría que consultar varias veces a mis compañeros de trabajo. No obstante, me metí en Internet, descargué una plantilla de sitio web gratuita y me puse a trabajar. Trabajaría en el sitio web sólo después de las horas de oficina y los fines de semana. Como tenía que *buscar* mucho *en Google, tardaba* un tiempo en construirlo.

A las pocas semanas, conocí a un caballero llamado Evans a través de un amigo. Evans era licenciado en ingeniería de software y fundador de una empresa local de software.

Cuando le mencioné que estaba poniendo en marcha un negocio, se mostró encantado y se ofreció a desarrollar y alojar para nosotros un sitio web de forma gratuita.

¡Wow! No podía estar más emocionado y aliviado. Evans cumplió con su palabra, y así conseguimos nuestro primer sitio web sin pagar un céntimo.

"Se llama la Ley de la atracción", dijo el Sr. Presidente. "Cuando decides emprender un proyecto, el universo trae todos los requisitos e ingredientes a tu puerta".

.   .   .

Luego me habló de un discurso en el que dijo: "Cuando desarrollas una actitud de "hazlo o muere", el tiempo, el destino y las circunstancias se juntan, tienen una reunión y dicen 'Mira, él dice que lo va a hacer o va a morir. Más vale que se lo permitamos'".

¿Qué pasa si no tienes la misma suerte que yo y no encuentras a alguien llamado Evans que te bendiga con un sitio web gratuito? ¿Qué es lo que haces?

Mi amigo Simon quería crear un sitio web para su negocio de lavandería. No necesitaba nada sofisticado, sino algo básico y sencillo.

Un día, Simon puso un cartel de "Estamos contratando" en Facebook en el que buscaba "contratar a un constructor de sitios web con talento para un futuro proyecto". Recibió varias solicitudes, luego filtró y se quedó con cinco candidatos. Les dijo que tendrían que demostrarle su habilidad en un proyecto de prueba, que se subiría como un sitio web real.

Dos candidatos abandonaron en ese momento, dejándole con tres. Les dio las especificaciones y se pusieron a trabajar en el plazo de una semana. Cuando las páginas web estuvieron listas, llamó a algunos de sus amigos para que le ayudaran a elegir la mejor. Lo hizo, y lo subió, ya que formaba parte del acuerdo. Cuando su negocio repuntó, contrató a la persona que había diseñado el sitio web.

. . .

¿Y si necesita una aplicación más compleja y no un sitio web estático? ¿Cómo lo hace?

Mi amigo Mike estaba creando un servicio en línea para la contratación de trabajadores domésticos. Un día, fui a su oficina sin cita previa y me lo encontré saliendo a toda prisa. Me dijo que tenía una reunión con sus antiguos profesores de la escuela. Cuando le pedí una explicación, me dijo algo muy interesante.

Mike había sido estudiante de programación informática y posteriormente se graduó. Así que, cuando puso en marcha su negocio de búsqueda de niñeras, también se embarcó en la construcción de la aplicación web por sí mismo.

"Sabía que podía hacerlo, pero me iba a llevar un poco más de tiempo y necesitaba liberar mi tiempo para centrarme en otras áreas del negocio. Así que acudí a mis antiguos profesores y les hablé de mi proyecto. Estaban más que dispuestos a ayudarme. Todo lo que hice fue pedirlo, y obtuve una magnífica aplicación web que funciona sin problemas y sin errores", me dijo Mike con una sonrisa.

Como empresario, su tarea número uno es pensar: pensar en cómo impulsar los resultados de su negocio.

Uso de Internet

. . .

Con la esperanza de que la siguiente información pueda tener alguna relevancia cuando la lea, permítanme enumerar algunos sitios web que vale la pena visitar.

En el momento de escribir estas líneas, Google tiene alrededor del 75% del mercado, y va en aumento, y aunque hay algunos motores de búsqueda especializados en sectores de nicho, no veo ninguna razón para entretenerse con otros en la actualidad. Merece la pena explorar todo lo que ofrece Google, ya que su alcance es inmenso. En su página de inicio, haga clic en "más>>" si aún no lo sabe, y vea la gran cantidad de información gratuita disponible. Google es especialmente bueno con las imágenes, muchas de ellas libres de derechos de autor.

Una investigación seria requiere algunos conocimientos sobre el funcionamiento de Google y otros motores de búsqueda (MSN, Yahoo, AOL, etc.). Utiliza la ayuda de Google, por supuesto, y si quieres explorar más a fondo compra *Google Hacks* (publicado por O'Reilly). Utilizar el navegador Firefox en lugar de Internet Explorer acelerará las búsquedas (descárgalo gratis en www.mozilla.com/en-US/firefox/).

Empieza por recordar que Internet no es una biblioteca y que Google nunca está actualizado. Mucha de la información que hay es simplemente errónea, está mal escrita (los motores de búsqueda no corrigen la ortografía) y muchas páginas son ignoradas: gráficos, clips de películas y animaciones en Flash, para empezar, además de muchos otros formatos de datos oscuros.

· · ·

En 2007 había más de 4.000 millones de páginas indexadas por Google, y se está expandiendo rápidamente.

Aunque los ingenieros de búsqueda están desarrollando formas más inteligentes de recuperar información, será imperativo desarrollar sus habilidades de búsqueda para mejorar sus posibilidades de encontrar la información que busca. Sospecho que el 99% de los buscadores se limitan a introducir un par de palabras clave y rara vez miran más allá de los primeros 20 resultados: hay formas mejores.

Dado que muchos de nosotros pasamos una parte insana de nuestras vidas indagando en Google, he aquí algunos consejos:

- Por defecto, Google busca todas las palabras clave, pero haciendo hincapié en la primera introducida. El orden de las palabras es importante. Si una palabra común es esencial escriba '+' delante de ella. Si quieres especificar cualquiera de las dos añade OR.

- Para buscar frases, ponga marcas de expresión (" ") alrededor de las palabras clave;

- Para obtener resultados que excluyan una palabra o frase, utilice el signo menos delante de ella; por ejemplo, para buscar restaurantes chinos fuera de Londres, escriba "Restaurantes chinos" -Londres. No olvide dejar un espacio delante del signo menos;

- Siendo más específico, puedes buscar sólo por páginas de título (inti- tle:), URLs (inurl:) o, curiosamente, rango de fechas. Esto es útil para recoger noticias en una fecha específica conocida por usted, pero hay un punto nerd a tener en cuenta. Google trabaja con el calendario juliano, no con el gregoriano que usamos ahora. Éste comienza el 1 de enero de 4713 a.C. (no, yo tampoco lo sé) y se mide en días...

No creo que vayamos a seguir ese camino. (Pero para los curiosos ver: http://aa.usno.navy.mil/data/docs/JulianDate.html).

No se esfuerce por reinventar la rueda: empiece por hacer clic en RBA Information Services (www.rba.co.uk): un sitio excelente que combina enlaces a una gran cantidad de recursos empresariales con consejos para buscar información electrónica de forma más eficiente.

La Universidad de Strathclyde ha elaborado un punto de partida inestimable. Pruebe www.lib.strath.ac.uk/subjects

Otras fuentes (por favor, busque las equivalentes en su país) son las siguientes:

- *The Biz* es un directorio de empresa a empresa bien planificado con muchos enlaces a sitios útiles: www.thebiz.co.uk. También cuenta con un conjunto de guías y tutoriales bien redactados.

- Dun & Bradstreet tiene una lista de 2 millones de empresas del Reino Unido, 19 millones en todo el mundo en www.dnb.co.uk.

- El Registro Mercantil tiene su sitio web en companies-house.gov.uk. Busca nombres actuales o disueltos y propuestos. Hay que pagar una tasa.

- Los directorios comerciales pueden buscarse en www.datagold.co.uk o en www. taforum.org.

. . .

• Si le gustan las estadísticas, querrá hacer clic en ons.gov.uk, el sitio web de la Oficina de Estadísticas Nacionales. Y en la misma línea, para tratar con el Gobierno de Su Majestad se puede recurrir a www.statistics.gov.uk.

El sitio de la Stationery Office para las publicaciones se encuentra en www.hmso.gov.uk, donde se pueden consultar rápidamente las leyes y los informes de los comités especiales.

La biblioteca de referencia

Aunque Internet es una fuente de información potencialmente enorme, la tan ignorada biblioteca local -si es buena- puede aportar mucho. Depende del grado de detalle que se busque. En mis 25 años de investigación para pequeñas empresas, he descubierto que utilizó un puñado sorprendentemente pequeño de obras de referencia para empezar que luego me llevan a áreas más detalladas. Estas obras favoritas son:

- *BRAD* (*British Rate & Data*, o los equivalentes en su país), que recoge 14.000 periódicos y revistas especializadas del Reino Unido;
- *Current British Directories*, que recoge unos 4.000 directorios comerciales;
- *Directory of British Associations*, útil para encontrar la asociación comercial de un sector (son la fuente de todo conocimiento, aunque no tendrán a todo el mundo como miembro);
- *Boletín de Exposiciones*, la mejor fuente para saber qué exposiciones y muestras se van a celebrar, a veces con un año de antelación (véase la página 53).

Los bibliotecarios de todo el mundo se enorgullecen de buscar información extraña. Recurre a su ayuda y ahorrarás mucho tiempo. Hazte amigo del personal de referencia y será un regalo del cielo durante años.

En primer lugar, el servicio de biblioteca es gratuito, lo que debería entusiasmar a cualquier pequeña empresa. En segundo lugar, la mayoría de los asistentes están encantados de recibir una auténtica consulta comercial como descanso de los niños y sus proyectos escolares. Conocen las fuentes de referencia y se desviven por buscar la información.

Los condados varían enormemente en cuanto a lo que gastan en el sistema. Lejos de las aglomeraciones, en los condados de la comarca, es posible que tenga que desplazarse a la biblioteca principal del condado para encontrar la mejor selección.

¿Qué hay en la biblioteca? En las mejores hay una mina de oro de información sobre empresas, productos y estadísticas elaboradas por fuentes gubernamentales y privadas.

Con sólo pasar un día hojeando una docena de libros de referencia sobre el comercio, obtendrá quizá una veintena de nombres que podrá buscar en catálogos y folletos para hacerse *una idea* de su sector de actividad.

La mayoría de las asociaciones comerciales no han puesto sus listas de miembros en la web, así que no hay nada que sustituya a sentarse y estudiar detenidamente los nombres con los que hay que ponerse en contacto. La web es muy buena para encontrar rápidamente empresas y productos individuales (pruebe primero con www.scoot.co.uk y luego con www.yell.-co.uk), pero si quiere más detalles o examinar todo un sector, la página escrita que tiene delante sigue siendo la mejor.

La mayoría de los periódicos de gran tirada tienen excelentes sitios web si desea utilizarlos para una búsqueda de temas o recortes. Empiece por www.guardianunlimited.co.uk. Para una pequeña empresa, probablemente lo que menos le interese sean las estadísticas gubernamentales y las encuestas regionales que muestran las tendencias a largo plazo. Pero necesitan una interpretación experta.

Productos y empresas

Casi todas las asociaciones comerciales publican un *anuario* con la lista de sus miembros y sus especialidades.

A menudo se incluyen también los nombres de los productos y del comercio. Como algunos anuarios se componen únicamente de entradas pagadas, puede que no sean tan completos como sugiere su título. Un editor de renombre dirá en el prólogo cómo se han recopilado las entradas.

Para encontrar lo que hay disponible, consulte *Current British Directories*. Se trata de unos 4.000 (www.cbdresearch.com).

· · ·

El *Directory of British Associations* es otra obra estándar en cualquier biblioteca de referencia. Puede localizar miles de asociaciones comerciales y de intereses especiales. El alcance le sorprenderá. Los datos que se dan incluyen el tamaño y el tipo de miembros, el nombre del secretario y si existe un boletín u otra publicación.

Estos directorios y el Aslib *Directory of Information Sources*, que combina los méritos de los dos, pero en un formato diferente, deberían proporcionar un buen comienzo para sus necesidades. Aslib se presenta en dos volúmenes con una lista de 6.000 organizaciones que pueden facilitar información sobre ciencia, tecnología, comercio, ciencias sociales, medicina y humanidades.

La base de datos de *las Páginas Amarillas* (www.yell.com) también es una fuente rápida para localizar empresas.

El directorio Kompass (en línea en www.kompass.co.uk), de larga tradición, ofrece una lista de las empresas más grandes, no de las compañías. Los detalles más importantes están disponibles mediante suscripción.

El *Directorio de Minoristas* (Hemming) es útil para atacar el mercado de consumo, ya que enumera los compradores y el negocio de varios miles de grandes almacenes y tiendas múltiples.

UK Trade Names (www.tradenames.kompass.com/en) es útil para localizar una empresa a partir del nombre de su producto:

60.000 nombres. Incluye productos importados. Si vende a las autoridades locales, necesita el *Municipal Year Book*, que ofrece una cobertura exhaustiva de todos los distritos y funcionarios principales por su nombre. No olvide que el sector público abarca un campo enorme: educación, sanidad, bibliotecas, recogida de basuras, etc. Es un libro enormemente detallado.

Incluso te dice qué autoridades utilizan contenedores y qué sacos.

El RIBA Directory of Practices cubre la venta a la profesión de arquitecto, e indica el nombre de cada uno de los despachos y socios.

Una buena biblioteca de referencia debería tener también una selección de las principales revistas del sector, las que no suelen estar expuestas en los quioscos.

Aunque Internet será inevitablemente su principal herramienta de investigación, muchos anuarios sólo tendrán un listado escueto, por lo que tendrá que visitar su biblioteca local de referencia para ver los detalles.

Información comercial

Pasando de los productos y las empresas, es útil seguir la pista de lo que ocurre en su sector de actividad. Debo admitir que gran parte de lo que sigue puede tener un interés limitado mientras se está empezando, pero debería aumentar su importancia a medida que se expande. Algunas de las fuentes de información estarán en las mejores bibliotecas, mientras que los volúmenes más caros tendrán que pedirse prestados a los repositorios especializados mencionados o quizás a su asociación comercial. No olvide que cualquier libro publicado debe estar disponible a través del sistema de préstamo interbibliotecario. Puede tardar una o dos semanas y, por lo general, los libros de referencia tendrán que permanecer en la biblioteca. En caso de duda, pregunte a los asistentes.

Marketsearch era un útil directorio anual de costosos informes de investigación de mercado, con muchos miles de ellos.

Aunque ya no se produce, el archivo sigue siendo consultable en www.marketsearch-dir.com.

Mintel cubre el mercado de bienes de consumo cada mes con exámenes del rendimiento y el gasto de nuevos productos.

Póngase en contacto con Mintel Publications, 18-19 Long Acre, Londres WC1A 9HE; 020 7606 4533.

Los informes de Mintel son caros, aunque de vez en cuando se puede encontrar alguno en las bibliotecas más grandes. (www.-mintel.com)

· · ·

Keynote Publications elabora un análisis en profundidad de más de 200 sectores industriales del Reino Unido, desde los productos farmacéuticos hasta la leche y los productos lácteos. Los informes siguen un formato estándar, examinando la estructura de la industria, los consumidores, la oferta de la industria, el tamaño y las tendencias del mercado, los desarrollos recientes y las perspectivas futuras.

También hay "Perfiles de empresa" sobre los principales actores del sector, y una sección de fuentes adicionales para profundizar en la investigación. No son muy densos, pero pueden constituir una buena introducción.

El gobierno publica una gran cantidad de estadísticas sobre lo que hace el país, desde la producción de carbón y acero hasta lo que gasta la familia media del noreste en pan de molde. La *Guía de Estadísticas Oficiales de* la Stationery Office es el punto de partida.

Los monitores empresariales son el principal barómetro de lo que ocurre en la economía. Hay tres series principales: producción, servicios y distribución, y varios. El resumen trimestral es el más útil. Las principales bibliotecas disponen de ellos.

Aprovechar el espacio libre de la oficina

Una vez solucionado el problema de la página web, surgió otro problema: la dirección de la oficina. No podía subir el sitio web sin una dirección de oficina. Y alquilar una oficina no era una opción, sobre todo porque no tenía esa cantidad de dinero para gastar en un local. Si podía probar la posibilidad, entonces podría contar mi historia y animar a alguien que pudiera estar luchando.

Así que empecé a consultar a mis contactos y a los suyos.

Casi todos los que hablaron me aconsejaron subalquilar: encontrar a alguien que ya tuviera una oficina y pagar por el espacio dentro de su oficina. Era una buena opción, sobre todo para alguien que tuviera dinero para gastar en alquiler.

Pero si podía evitar el coste por completo, ¿por qué no?

Entonces hablé con el Sr. Presidente al respecto.

"Me recuerda a mí mismo cuando monté mi primera oficina", dijo. "No teníamos Internet, así que una dirección física era muy importante".

Se detuvo un momento.

"Entonces, ¿cómo superaste ese obstáculo?" pregunté. El Sr. Presidente dejó escapar una de sus sonrisas.

· · ·

"Trabajaba desde casa, después de las 17:00 horas y durante el fin de semana. Les dije a los clientes que sólo podían contactar conmigo por teléfono por las tardes y los fines de semana.

Afortunadamente, respetaron mi horario de trabajo. El contestador automático me ayudaba con las llamadas que entraban durante el día. La mayoría de mis clientes también estaban ocupados durante el día, así que el horario de fuera de la oficina y los fines de semana eran perfectos para todos", dijo el Sr. Presidente.

Al empezar, tienes una espléndida oportunidad de éxito si trabajas desde casa. Se reducen drásticamente los gastos de funcionamiento de una oficina, que no es necesario realizar al principio. También puede organizar su tiempo de forma más eficaz.

Si presta un servicio en su empresa, puede reunirse con los clientes en sus instalaciones o en un lugar común, como el vestíbulo de un hotel. Si vende productos físicos, debe hacer de la *entrega* una parte importante de su negocio. Los clientes no necesitan acudir a su tienda física.

"Llevaba mi negocio en la habitación libre de mi casa y utilizaba el teléfono de mi casa para comunicarme", dijo.

"¿Surgieron situaciones en las que un cliente necesitaba reunirse con usted físicamente? ¿Y cómo maniobraste?" le pregunté.

.   .   .

Volvió a sonreír. El Sr. Presidente siempre parecía feliz, sin importar de qué hablara.

"Solía celebrar reuniones en los vestíbulos de los hoteles", dice. "A los clientes les encantaba, y lo único que tenía que hacer era pagar el café".

"Los hoteles parecían bonitos, y el café cuesta menos que una oficina, el mobiliario y alguien sentado allí", dijo.

Había conseguido la solución perfecta:

Iba a dirigir mi negocio de forma virtual, pero esto no resolvía mi problema de una dirección para poner en la página web. Se lo comenté al Sr. Presidente, y estuvo de acuerdo en que podía utilizar la dirección de la oficina de su empresa de informática, siempre que no tuviera clientes.

Acepté, y el sitio web ya estaba en marcha.

Este fue el comienzo del negocio. Nos reuníamos con los clientes en centros comerciales, hoteles y cafeterías. Lo bueno era que teníamos una página web a la que podían acudir para obtener más información.

. . .

Sin embargo, muchos clientes potenciales seguían preguntando por la dirección de nuestra oficina. Al final, cuando conseguimos nuestros primeros clientes, utilizamos los ingresos para alquilar una oficina. Fue entonces cuando nuestro negocio despegó.

6

Gestionar El Capital Humano

"Antes mencionaste algo sobre tu equipo. ¿No tenía a nadie trabajando para usted directamente?" le pregunté al Sr. Presidente.

"No, no lo hice". Respondió. "Al principio, era un espectáculo de un solo hombre. Solía hacer llamadas, recibir llamadas, hacer entregas, hacer pedidos y hacer la mayoría de los recados. El negocio facilitaba sus actividades, como el café del hotel, pero nunca cogí dinero para gastos personales. Nunca me pagué un sueldo.

Recuperaba casi todo el dinero que generaba el negocio".

"Crear un negocio es mucho más fácil cuando se tiene un trabajo o una fuente de ingresos principal.

. . .

Esto se debe a que no quieres vivir del poco dinero que gana tu negocio, ya que de lo contrario lo matarías prematuramente", dijo. "Invertimos casi el 100% de los beneficios en marketing y publicidad. Eso nos permitió crecer muy rápido".

"Uno de los mayores errores que cometen los empresarios es contratar demasiado pronto antes de que la empresa pueda pagar los salarios. Si vas a contratar, asegúrate de que el flujo de caja que genera el nuevo empleado es suficiente para cubrir su salario", afirma el Sr. Presidente. "Yo prefería trabajar con consultores privados, a los que llamaba cada vez que tenía algo que hacer y no era capaz de hacerlo por mi cuenta. Les pagaba a comisión -costes variables- en función del trabajo que habían realizado. No veía la necesidad de tener empleados fijos".

"Cuando teníamos que hacer un proyecto, reunía a un par de profesionales independientes y les daba el encargo. Utilizábamos el vestíbulo del hotel si teníamos que reunirnos en persona. Esto ahorraba mucho dinero a la empresa".

Explicó.

Me acordé de las muchas veces que había escuchado a gente llorando por no haber cobrado durante varios meses porque la empresa era todavía *nueva*.

"¿Cuántos jóvenes licenciados buscan trabajo?" me preguntó el Sr. Presidente. "Bueno, no sé el número exacto, pero son bastantes", dije.

. . .

"Los jóvenes licenciados siempre están buscando experiencia, y no les importaría hacer por ti algo gratis, o a una fracción del coste, siempre que les escribas una carta de recomendación por la experiencia laboral". Y añade.

"Antes de que se me olvide, ¿te has registrado para los impuestos?", preguntó.

"¿Impuestos? No, no lo he hecho. Apenas he empezado a operar, así que no querría pagar dinero antes de que seamos rentables". argumenté.

Se ha reído. Parece que siempre se ríe.

"¿Qué dice la Biblia sobre los impuestos?", me preguntó.

Sabía exactamente lo que estaba escrito en el libro de Marcos 12:17: "Pues bien", dijo Jesús, "dad al César lo que es del César, y dad a Dios lo que es de Dios".

"¡Maravilloso!" Dijo.

La mayoría de los gobiernos organizan campañas especiales de creación de empresas para impulsar su crecimiento.

.   .   .

Durante un tiempo limitado, el gobierno exime de muchos impuestos a las empresas de nueva creación para que puedan ponerse en marcha más rápidamente. Sin embargo, deberá pagar los impuestos después de un tiempo determinado. La naturaleza de la entidad empresarial que elija tiene una gran influencia en su capacidad para disfrutar de las exenciones fiscales que pueden estar a su disposición. Antes de empezar, consulte con un contable o un estratega fiscal para que le ayude o incluso le dé algunos consejos sobre qué elegir. Las empresas unipersonales, las sociedades colectivas, las sociedades de responsabilidad limitada y las sociedades anónimas tienen todas sus ventajas y desventajas.

"Como empresa nueva, mucha gente confiará en ti si tienes un certificado de autorización fiscal, lo que significa que puede ser algo más fácil conseguir contratos. También hay que ocuparse de los impuestos desde el principio, para evitar repercusiones potencialmente desastrosas cuando el negocio acabe siendo rentable", dijo el Sr. Presidente.

Una vieja amiga mía llamada Clarice dirige varias empresas.

Todos sus empleados están contratados como *becarios, lo* que significa que no cobran sueldos directos. Pero ella cubre su sueldo con dietas. Tiene asignaciones para todo, incluyendo el almuerzo, el descanso, el transporte y el alojamiento.

Haga sus deberes y desarrolle una estrategia que le funcione antes de lanzarse. Esto puede ahorrarle mucho dinero a largo plazo. A corto plazo, puede encontrar legalmente una forma de no pagar impuestos. Sólo tiene que sentarse con su asesor fiscal y encontrará una solución.

7

No Hacer Inventario, Todavía

Un lunes, de vuelta a la oficina después de nuestro habitual día en el club de golf, pasó por delante de nosotros un camión de FedEx. Estos camiones parecen estar en todas partes. Pensé en toda la mercancía que entregan en un solo día.

Tras una reflexión personal, le pregunté al Sr. Presidente: "¿Qué tipo de negocio es mejor montar? ¿Un negocio basado en productos o un negocio basado en servicios?"

"Bueno, depende de muchos factores, como lo que quieres, tus habilidades, lo que se te da bien, tus objetivos, tu bolsillo y tus contactos, por mencionar sólo algunos", respondió.

Una empresa de servicios

Una empresa de servicios es la mejor manera de ganar dinero, sin inventario. ¿Por qué? Muchas empresas de servicios comienzan porque sus fundadores reconocen una necesidad en su comunidad de ciertos servicios en los que están capacitados. Cuando prestas tus servicios a otros, obtienes muchas ventajas. Una de las cosas más agradables de los negocios de servicios es que pueden lanzarse en cualquier sector o especialidad, por lo que nunca te quedarás sin ideas.

"Como un negocio de servicios se centra en la venta de sus habilidades en lugar de productos u objetos reales, el riesgo de pérdida de inventario es menor. Los negocios basados en los servicios también son menos costosos de establecer en comparación con las empresas basadas en los productos", explicó el Sr. Presidente.

Me limité a asentir para animarle a que se explayara más. Después de todo, el tráfico era lento, así que teníamos algo de tiempo en la carretera. Me había acostumbrado a estos paseos -que eran muy ricos- por la gran cantidad de información que el Sr. Presidente dejaba caer sobre mis rodillas mientras conducía por la ciudad. Por ejemplo, señalaba un edificio y me contaba una historia sobre el propietario. Me contaba cómo empezó la persona, lo que hizo bien -y quizá mal- en un momento dado, y las lecciones que había que aprender de su experiencia.

Así que, como siempre, cogí mi cuaderno y mi bolígrafo y me puse a garabatear mientras él hablaba.

Y continuó: "En los servicios, simplemente decides cuánto quieres cobrar, y puede que no afecte a tus proveedores porque -digamos que ofreces cursos de emprendimiento- puedes cambiar el coste sin mayores repercusiones. Al contrario que cuando tienes un precio de coste en bienes físicos".

"Una ventaja fundamental de las empresas de servicios es que son menos vulnerables a las recesiones económicas, que pueden ser muy comunes para las empresas minoristas y manufactureras. Los empresarios de servicios también tienen la posibilidad de obtener márgenes más altos porque los proveedores de servicios no necesitan pagar tanto a los empleados, ya que ellos mismos son empresarios de servicios". dijo el Sr. Presidente.

¿Y si quiere crear un negocio basado en productos?

El comercio electrónico se ha convertido en una parte importante de los negocios globales en los últimos años. El sector minorista, como muchos otros negocios, ha cambiado radicalmente desde la introducción de Internet.

Y debido a la continua digitalización de la vida moderna, los clientes de prácticamente todos los países se benefician ahora de las comodidades de las compras en línea.

El número de personas que compran artículos en línea aumenta cada año, ya que la disponibilidad y el uso de Internet crecen a un ritmo rápido en todo el mundo. Solo en 2020, casi 2.000 millones de personas compraron productos o servicios en línea, y las ventas mundiales de comercio electrónico superaron los 1.000 millones de euros.

4,2 billones de dólares. No es de extrañar que el comercio electrónico se esté convirtiendo en un área muy famosa, dado su valor de mercado cada vez mayor. La pandemia, que funcionó como estímulo para la expansión del eCommerce, ha alimentado aún más esta tendencia.

Hay varias opciones para iniciar una tienda en Internet sin inventario.

Cumplimiento por parte de Amazon (FBA)

El cumplimiento por parte de Amazon (FBA) se está convirtiendo en una opción popular para las personas que desean dirigir un negocio de comercio electrónico pero no quieren ocuparse de la gestión del inventario.

Así es como funciona el procedimiento:

Vas a Amazon y encuentras las cosas que deseas vender. Pides esas cosas y te las envían al almacén de Amazon. Mantienen estos artículos en Amazon.

Cuando vendes algo en Amazon, éste lo empaqueta y lo envía en tu nombre.

.   .   .

Esto no sólo le ahorra tiempo y esfuerzo en el mantenimiento de su inventario, sino que también le ayuda a ampliar su tienda online. Por supuesto, Amazon te cobrará por almacenar tus artículos y completar los pedidos.

También cobrará un porcentaje por vender en su plataforma. La cantidad que Amazon cobra por cada artículo está determinada por una variedad de criterios, incluyendo el precio de venta, el tamaño y el peso del artículo. La Central de Vendedores de Amazon tiene todos los detalles sobre cuánto puede gastar por FBA.

Alex Young, el fundador de Kap7, tuvo la idea de estrenar su empresa en Amazon hace años. Pensó que producir equipos de waterpolo sería una oportunidad espléndida para su firma porque nadie más lo hacía.

Kap7 ocupa ahora el primer lugar en los resultados de búsqueda de Amazon para los artículos "Water Polo Ball". Están presentes en Amazon con algunas de las marcas más conocidas del mundo, como Nike.

Alex Young considera ahora que Amazon, que es un canal de alto tráfico, es un canal de ventas importante para su empresa. También considera que algunas personas sólo compran en Amazon, por lo que se asegura de que sus artículos sean accesibles para todo el mundo. Es innegable que Kap7 ha logrado un enorme éxito, y la empresa sigue expandiéndose gracias a su capacidad para dirigirse al público adecuado.

. . .

Productos digitales

Los productos digitales son una excelente opción para vender en línea sin mantener un stock. Se trata de una de las pocas estrategias en las que no mantener el inventario uno mismo no supone un menor margen de beneficios. Hay muchos productos digitales disponibles, incluyendo materiales educativos como libros, cursos, planes de dieta; y fuentes de entretenimiento, como películas, música y podcasts.

La mayoría de los productos digitales son ilimitados, y puedes venderlos tantas veces como quieras.

Esto le proporciona un gran margen de expansión con una inversión mínima, aparte de la oferta original.

Sin embargo, demostrar el valor de los artículos digitales puede ser difícil, especialmente en sectores en los que la información idéntica y gratuita está fácilmente disponible.

Los elementos digitales suelen ser fáciles de copiar y difundir por un coste mínimo o nulo.

Ashley Jane siempre había pensado que los ingresos pasivos eran en su mayoría un engaño.

. . .

"Poner en marcha una empresa que gane dinero en piloto automático parecía improbable", dice.

"Sin embargo, después de algunos estudios y clases, invertí algunas horas de mi tiempo en comenzar un negocio de productos digitales, y en 30 días, había ganado más de 700 dólares. En mi especialidad, opté por vender planificadores imprimibles. No sólo podrás producir un montón de artículos sobre un tema si tienes conocimientos sobre él, sino que hay muchas posibilidades de que sea algo que otros quieran comprar", dice.

Necesitaba crear archivos PDF que los clientes pudieran imprimir en casa porque vendía planificadores imprimibles.

Después de crear su producto, montó una tienda en Etsy.

Etsy es la mayor tienda online de descargas digitales que he descubierto, y la gente compra muchos de estos productos.

Aunque abrir una tienda de Etsy es gratis, hay que pagar tasas por cada venta, lo cual está bien porque sólo se paga cuando se hace una venta.

Ashley dice que dedicó más tiempo al marketing que a la creación del producto, pero valió la pena.

. . .

Productos de impresión bajo demanda

Empezar un negocio de impresión bajo demanda es un método excelente para vender productos en línea y producirlos únicamente cuando se compran. Este método funciona para cualquier producto impreso, como impresiones de arte, camisetas, tazas y libros.

Comprando su impresora e imprimiendo los pedidos a medida que llegan, puede iniciar fácilmente un negocio de impresión bajo demanda. Este método, sin embargo, puede requerir el almacenamiento de materiales en blanco, como papel en blanco, camisetas y tazas. La subcontratación de una imprenta externa, utilizando sus existencias y enviándoles simplemente tus pedidos cuando los recibas, es un método superior para quienes desean no tener inventario.

Hay varios proveedores especializados entre los que elegir, ya que se trata de una opción popular utilizada por muchas empresas. Muchos de estos negocios te permiten crear tu tienda y que te envíen los pedidos directamente. Después te darán una comisión por cada venta. La cantidad que pagas/recibes está determinada por los productos que se imprimen, así como por el proveedor que elijas.

Tobi Couture comenzó su negocio en febrero de 2021 cuando se topó con un vídeo en YouTube sobre la impresión por encargo.

. . .

"Me pareció una forma estupenda de exponer mi arte en más artículos que los lienzos y los grabados. La gente tiene deseos más específicos cuando compra arte para colgar en una pared que, por ejemplo, en una taza", dice.

Como no tenía conocimientos empresariales, se matriculó en clases de comercio electrónico durante su tiempo libre. Aprendió algunos consejos, vio algunos vídeos de tutoriales de Etsy y Printify, y luego se puso a trabajar cuando supo lo que podía y lo que no podía funcionar para ella.

"Hasta ahora ha sido muy bueno. Mis ventas provienen de la gente que comparte mis publicaciones. Hace poco, mi primo compartió algunos de mis dibujos sobre coches antiguos en un grupo de aficionados y conseguí muchas ventas.

Es importante que tus diseños lleguen a zonas de Internet que están en tu nicho específico. O, al menos, a personas que puedan apreciar un diseño o una estética concretos. Una vez recibí tráfico de una web de recogida de setas, después de que alguien publicara algunos de mis dibujos".

Utilizar una empresa de logística de terceros (3PL)

Los proveedores de logística externos son un método excelente para evitar los dolores de cabeza de la gestión de su inventario. Normalmente, estas empresas le permitirán subcontratar todos los aspectos de la logística, incluida la gestión del inventario, el almacenamiento y el cumplimiento. El uso de un 3PL le da mucha libertad de acción para obtener los artículos que considere que pueden servir mejor a sus clientes.

Durante más de 20 años, Barrett en Memphis ha proporcionado a Food Importer and Manufacturer servicios de almacén y logística. Food Importer and Manufacturer ofrece a todos los clientes minoristas y de servicios alimentarios nacionales y regionales de todo el país una cooperativa de alimentos de propiedad de los comerciantes. Barrett fue seleccionado como uno de sus principales socios estratégicos de distribución 3PL por el valor excepcional que aportaban tanto a la empresa como a sus consumidores.

"Los empleados de Barrett 's Memphis tienen una gran ética de trabajo, conocen bien el sector y tienen un buen rendimiento. Como sus instalaciones tienen acceso al ferrocarril, podemos suministrar un producto alimenticio de alta calidad a nuestros fieles clientes al menor coste posible". Dice el propietario de Food Importer and Manufacturer.

Dropshipping

Dado que no tiene que enviar sus artículos de origen a una empresa de distribución independiente, este método le ahorra tiempo y trabajo. Esto se debe a la reducción del tiempo que utiliza para supervisar su inventario y asegurarse de que tiene suficiente para cumplir con las solicitudes en todo momento.

· · ·

Oberlo, que es el líder del mercado de dropshipping, fue comprado por Shopify en mayo de 2017, y desde entonces, la aplicación ha sido construida particularmente para Shopify. Esto explica la perfecta integración de Oberlo con la plataforma de Shopify, que hace que la importación de artículos a tu tienda sea mucho más sencilla.

Oberlo vende una amplia gama de productos, como electrónica, juguetes, moda y accesorios, todos ellos con precios diferentes. Vienen directamente del mercado de Oberlo o de AliExpress, el gigante chino del comercio electrónico. Esto reduce el precio de los artículos de Oberlo, pero alarga el tiempo para conseguirlos, ya que el envío internacional no es un proceso rápido. Oberlo ofrece actualizaciones automáticas de inventario y precios, lo que facilita las preocupaciones logísticas.

Iniciar una tienda de afiliación

Establecer una tienda de afiliación, a diferencia de muchas otras opciones que hemos examinado hasta ahora, no requiere que se abastezca de productos personalmente. Más bien, debes localizar a otros comerciantes que estén dispuestos a darte un porcentaje si vendes sus productos en su nombre.

Puedes, por ejemplo, abrir una tienda de afiliados y vender libros en nombre de otros vendedores. Cada vez que un comprador ponga una compra, se enviará directamente al vendedor, que te dará una comisión.

. . .

Dado que las tiendas afiliadas eliminan el esfuerzo de buscar artículos, puede concentrarse únicamente en comercializar su negocio y atraer a los clientes interesados. Las tiendas afiliadas también ofrecen obstáculos mínimos porque no tienes que comprar artículos antes de establecer tu negocio.

Si tiene unas habilidades excepcionales para el marketing y las ventas, pero no desea producir o abastecerse de artículos, crear una tienda de afiliación es una opción estupenda.

David es un vendedor del Reino Unido. En sólo seis meses, uno de sus sitios pasó de ser nuevo a ganar algo menos de 4.000 dólares al mes. Es una velocidad increíble.

Lo que vale la pena captar es su plan mes a mes y el relato de cómo evolucionó su sitio. El primer mes lo dedicó a construir y lanzar el sitio, así como a decidir un el producto y cómo comercializarlo. Dice que dedicó la mayor parte del tiempo y esfuerzo a investigar y crear material para su sitio web. A continuación, revisó las evaluaciones de su producto seleccionado y envió largas reseñas de unas 2.500 palabras. En el primer mes, tuvo algo más de 800 visitantes y ganó 115 dólares.

Mes 2, construyó un blog para acompañar a su sitio web, en el que habla de cómo generó contenidos, ató cabos y trabajó en la construcción de enlaces. Atrajo 2.200 visitas y 391 dólares en compras gracias al contenido y los enlaces. En el tercer mes, amplió el blog y su tráfico e ingresos también aumentaron. Durante los primeros cuatro meses, dedicó la mayor parte de las horas a generar el contenido, investigar productos, construir el sitio y adquirir enlaces. Cuando combinó esto con la temporada de vacaciones, su sitio de afiliación explotó, y desde entonces se mantiene.

8

Publicidad Gratuita

TODO PROPIETARIO de una empresa quiere hacer llegar sus productos o servicios al mayor número de personas posible. La mayoría de los métodos convencionales son caros, y no todo el mundo puede permitirse comprar anuncios de televisión cuando está empezando. No se preocupe, aún puede comercializar su negocio sin gastar dinero. Simplemente necesita la combinación adecuada de herramientas y recursos. Estas estrategias no cuestan dinero, pero le quitarán algo de tiempo. Son;

Listado en Google My Business

Google está personalizando la búsqueda mostrando resultados que se adaptan a tu localidad. Por ejemplo, si buscas un Starbucks, te proporcionará un mapa y las indicaciones para llegar al más cercano en tu ciudad.

· · ·

En consecuencia, conseguir que una empresa aparezca en Google se ha convertido en una necesidad.

Google Maps ha simplificado la tarea de añadir y mantener tu ubicación, donde también puedes gestionar tu perfil de Google Plus. Sólo tienes que ir a Google My Business y reclamar tu ficha de empresa. Si no tienes una tienda, puedes simplemente proporcionar la dirección de tu oficina e información sobre tu empresa.

Donna Evans, fundadora y propietaria de la empresa She Moves, afirma: "Nuestro perfil de Google My Business es uno de los principales lugares en los que la gente nos encuentra, ya que más del 40% de nuestros contactos vienen de ahí. El otro 60% es de boca en boca, y la mayoría de ellos habrán visitado nuestro perfil de Google My Business antes de ponerse en contacto".

Utilizar el poder de las redes sociales

Para empezar, cree perfiles en Facebook, Instagram, Twitter y LinkedIn. Esto no sólo le ayudará a conseguir más clientes, sino que también le permitirá interactuar con ellos y obtener valiosos comentarios sobre sus productos y/o servicios. Este tráfico puede dirigirse a su zona geográfica específica de interés mediante anuncios.

. . .

El ritmo de publicación es crucial. Si publica con regularidad, conseguirá popularidad y seguidores fieles que pueden transformarse en clientes. Puedes publicar información sobre tu empresa o noticias del sector. El método más eficaz es rastrear y seguir a las personas influyentes en su campo.

Las ventas mundiales de Starbucks en las mismas tiendas y las ventas en las mismas tiendas en América mejoraron un 3% después de utilizar Instagram para comercializar su Unicorn Frappuccino.

Starbucks no sólo despertó el interés de sus clientes más jóvenes con el Frappuccino Unicornio, una bebida afrutada de color rosa y púrpura que cambia de color a medida que se bebe, sino que también despertó sentimientos de FOMO (miedo a perderse algo) entre los millennials debido a la limitada disponibilidad de la bebida.

Con un ejército de clientes subiendo imágenes de sí mismos con él en Instagram, Facebook, Pinterest y Twitter, la fotogénica mezcla atrajo infinidad de miradas. El Frappuccino Unicornio y su hashtag #unicornfrappuccino produjeron aproximadamente 155.000 publicaciones y llevaron a multitudes a los locales reales, deseosos de probar la bebida antes de que se agotara.

El marketing de la escasez es una estrategia de marketing antigua que parece funcionar incluso en los tiempos modernos, como lo demuestra la exitosa campaña de Starbucks en Insta-gram. Utilizar las redes sociales para aprovechar esta estrategia puede hacer que tu campaña se convierta en viral en poco tiempo.

Starbucks fue astuto y supo cómo despertar el interés de su público conocedor de las redes sociales, y no perdió tiempo en poner en marcha su plan. Todo el mundo pudo ver (y aprender) de los resultados.

Optimizar su sitio web para los motores de búsqueda

Cuando las personas se plantean comprar algo, ¿qué es lo primero que hacen? Acuden a Google y recopilan toda la información posible sobre el producto, y luego buscan a los comerciantes que lo venden.

Por lo tanto, si su sitio web no aparece en una búsqueda de Google, usted es invisible. ¿Qué puede hacer al respecto? La solución más sencilla es pagar a alguien para que optimice su sitio web para los motores de búsqueda, pero incluso en ese caso, debe entender el proceso, o se arriesga a ser penalizado por Google. Por ejemplo, si hay muchos enlaces rotos en su sitio web, bajará su clasificación en Google.

Cuando Emerson, propietario de un nuevo sitio en un nicho muy competitivo, lanzó su sitio en 2009 utilizando desarrollo PHP y WordPress, se encontró en un nicho muy competitivo. Phpdeveloper.org, como otros sitios web nuevos, tuvo poco tráfico al principio. Emerson manejó todo el desarrollo, el contenido y el SEO por su cuenta. Fue capaz de conseguir que el sitio web se posicionara en el número 1 de Google para palabras clave extremadamente competitivas aplicando tácticas de optimización de motores de búsqueda DIY.

Cuando se crea un nuevo sitio web, se está en desventaja frente a los rivales que ya tienen cientos de backlinks. Sin embargo, hay ciertas ventajas en el diseño de un sitio desde cero que se discuten para el SEO.

Aunque Emerson utilizó diversas estrategias de SEO dentro y fuera de la página a lo largo de su campaña, también se esforzó mucho antes de poner en marcha el sitio. Durante la fase de preparación, consiguió estas tres grandes victorias, que en su opinión ayudaron al SEO del sitio y a la experiencia del cliente:

Registro de un nombre de dominio adecuado Selección de una plataforma que favorezca el SEO Elección de un alojamiento web con un tiempo de actividad de calidad.

Asistencia a eventos de networking

Los eventos, las exposiciones y los encuentros son lugares excelentes para ampliar tu red de contactos y conocer gente nueva. Busque los próximos eventos en su ciudad y obtendrá eventos de diversas categorías. La mayoría de estos eventos son gratuitos y en ellos participan consumidores, intermediarios y productores.

Verás que los individuos asisten a estas reuniones para conocer gente nueva, que puede convertirse en clientes. En una de estas reuniones conocí a alguien que ahora es nuestro contable.

Otro beneficio importante de asistir a eventos es conocer a personas que están en posiciones similares a las tuyas y charlar sobre temas que podrían ayudarte a crecer y expandir tu negocio. Este tipo de debate conduce al establecimiento de objetivos de los que los demás le harán responsable. Cuando uno se pone en contacto con otras personas con objetivos similares, se apoya y motiva mutuamente, además de ayudarse a acceder a los recursos necesarios para tener éxito.

Presentar su producto o servicio en YouTube

YouTube recibe más de 4.000 millones de visualizaciones de vídeo al día, y esta cifra aumenta cada día.

Por lo tanto, es una decisión sencilla publicar un vídeo sobre su producto o servicio directamente. Lo mejor es que este vídeo también se mostrará en los resultados de las búsquedas, aumentando la visibilidad de sus productos.

. . .

¿Por dónde empezar? Decida primero qué va a hacer. En el caso de los productos, bastará con una breve demostración de dos minutos, mientras que en el caso de los servicios, puedes filmar y publicar un testimonio de un cliente.

YouTube tiene varias herramientas maravillosas para editar un vídeo que hayas presentado. Puedes, por ejemplo, añadir una narración o música, cortar secuencias y hacer mucho más.

Asegúrese de incluir el nombre del producto o las palabras clave relacionadas en el título y la descripción del vídeo. Te tocará el premio gordo si consigues un material fascinante que pueda hacerse viral, y los clientes potenciales inundarán tu bandeja de entrada.

Varios inversores nunca imaginaron que su pequeña tienda se convertiría en una empresa mundial con más de 400 empleados que envían más de 5.000 pedidos al día.

Dice: "También hemos ayudado a recuperar la economía de nuestra pequeña ciudad, con más de 14 negocios de acolchado en Hamilton, Missouri. Empezamos con instrucciones de acolchado en YouTube y descubrimos un número sorprendente de acolchadores. Diseñamos una publicidad en vídeo basada en esta pasión que podría llegar a un amplio espectro de posibles clientes, como personas que ven vídeos de artesanía y gente que busca productos textiles.

. . .

"Mi cónyuge y yo perdimos nuestros bienes cuando el mercado se hundió en 2008. Mi hijo y mi hija idearon un plan para ayudarme a crear un negocio basado en mi pasión por el acolchado. No tenía experiencia previa en vídeo ni en publicidad. En los primeros seis meses de poner en marcha los anuncios de vídeo, llegamos a más de un millón de clientes potenciales y conseguimos más de 14.000 compras en línea gracias a las instrucciones de YouTube y a la orientación de los anuncios de vídeo", dice ella.

Responder a las preguntas

Cuando la gente está atascada y quiere encontrar una solución a su problema, acude a determinados foros de Internet. Los sitios populares de preguntas y respuestas, como Quora y Yahoo Answers, son excelentes lugares para encontrar nuevos consumidores. La gente también utiliza los grupos de LinkedIn para hacer sus preguntas.

Entonces, ¿cómo puedes aprovecharlo? Haga una cuenta en cada uno de estos sitios y comience a buscar su producto o servicio. La gente puede informarse sobre las principales empresas que venden este producto, así como comparar productos y precios, etc.

Marketing de boca en boca

.   .   .

El marketing boca a boca es una técnica que se basa en las experiencias positivas de los consumidores con determinadas empresas y en las recomendaciones que comparten con sus amigos y familiares. Es un tipo de promoción gratuita impulsada por las impresiones, sentimientos e ideas de los compradores. El marketing orgánico es fundamental.

Los clientes pueden promocionar una empresa si ésta se preocupa por sus clientes y ofrece un producto fantástico. Es posible que compartan rápidamente su excelente experiencia con otras personas, lo que atraerá a más clientes.

Estas empresas no necesitarán tantas estrategias de marketing que no siempre proporcionan resultados reales.

Para atraer a nuevos consumidores, una marca no siempre necesita anuncios previos, optimización del sitio, publicidad de pago y otras técnicas de marketing.

Los clientes que están satisfechos con un producto pueden popularizar fácilmente una empresa y ayudarla a aumentar sus beneficios. Para empezar, el plan no siempre requiere gastos adicionales y ayuda a llegar a una nueva clientela que será fiel a su organización. En segundo lugar, las referencias de amigos y familiares siempre aumentan el interés y la confianza en un negocio. Es una oportunidad para establecerse como una marca creíble, fiable y de confianza.

Las empresas que utilizan la publicidad boca a boca obtienen mayores tasas de conversión, más ingresos y un mayor alcance.

Todos estos elementos se combinan para generar un fuerte incentivo para aumentar los ingresos.

Cuantas más personas conozcan su marca, ya sea a través de las publicaciones de sus amigos o de referencias directas, mayor será el conocimiento de su marca y la probabilidad de que se comprometa con ella.

9

Predicar Con El Ejemplo

Tras no ganar el premio en metálico en el concurso de emprendedores, me sentí desolado. Pero las nuevas experiencias con mis amigos ricos me hicieron olvidar el dolor de la derrota. Me había ido bien y mi vida avanzaba en una dirección que ni siquiera yo esperaba. Sin embargo, una pregunta que seguía rondando en mi mente era: "¿Por qué no gané el concurso a pesar de que pensaba que tenía un plan de negocio mejor? Quería preguntárselo al Sr. Presidente. La única cosa en la que había basado su decisión.

Pero como no estaba segura de estar preparada para afrontarlo, me había callado. Hasta que un día, reuní la energía y agarré el toro por los cuernos.

Me acerqué al despacho del Sr. Presidente, llamé a la puerta y me dejaron entrar inmediatamente. Tras los saludos, fui directamente al grano.

"Hay una pregunta que he querido hacer durante mucho tiempo". Empecé, luego hice una pausa, para asegurarme de que tenía toda su atención.

Dejó el teléfono, se sentó y dijo: "¡Bien! Por favor, pregunte".

"Durante el concurso de emprendedores", empecé, "¿por qué no gané el premio en metálico?". pregunté.

Tras aclararse la garganta, sonrió y dijo: "La respuesta que buscas se esconde tras una palabra: liderazgo".

¿Líder qué?

"Por favor, elabore más". Le dije.

"Bueno, todo sube y baja con el liderazgo. Ya sea en los deportes, la política, el entretenimiento, la religión, la educación, lo que sea. Si no eres un buen líder, nadie te seguirá. Y si nadie puede seguirte, es muy difícil construir un negocio", dijo el Sr. Presidente.

"¿Significa eso que no fui un líder?" Respondí, sintiendo que no podía haber perdido sólo por el liderazgo.
"Sí que eras un líder", dijo el Sr. Presidente. "Sé que tenías

un mejor plan de negocios, pero otro era un mejor líder. Eso marcó la diferencia. Un buen plan de negocios sin un líder influyente es como un agricultor detrás del volante de un coche de carreras de fórmula uno. Ese coche, por muy bueno que sea, no puede ganar una carrera si el conductor no es un piloto de carreras. Por eso Lewis Hamilton ha dominado la F1 durante mucho tiempo", explicó.

"Así que un buen plan de negocio no sirve de nada sin un buen líder que lo ejecute", comenté con un firme movimiento de cabeza.

"¡Maravilloso!" comentó el Sr. Presidente. "Ahora lo estás consiguiendo. Ser un líder destacado no es una tarea difícil, pero sí exigente, ya que necesita que ofrezcas todo lo que tienes. Un buen líder es alguien que puede influir en las personas o en los demás para alcanzar determinados objetivos. No se trata del título con el liderazgo. Se trata de poseer los atributos que atraen a la gente a seguirte. Los líderes se ayudan a sí mismos y a los demás a tomar las mejores decisiones, establecer el tono, desarrollar una visión interesante e inventar algo único". Dijo.

En la literatura empresarial, John C. Maxwell es una leyenda. Es autor de varios libros sobre gestión, liderazgo, relaciones y actitud.

Los expertos hacen hincapié en el desarrollo, los rasgos y el impacto de un líder, así como en dejar un legado.

. . .

También afirma que un líder debe ser disciplinado, debe establecer prioridades, asignar adecuadamente las responsabilidades, trabajar duro y seguir aprendiendo en lugar de dejarse engañar por la duración del servicio.

Cómo convertirse en un líder destacado

"Entonces, ¿cómo puedo mejorar mis habilidades de liderazgo y convertirme en un mejor líder?" pregunté.

Comunicación eficaz

La principal característica de un líder influyente es la comunicación eficaz. Un líder poderoso debe ser capaz de transmitir los objetivos de la empresa con claridad, ya sea a corto o a largo plazo. Como líder, sólo transmitirá su visión a las personas que trabajan para usted si existe una comunicación eficaz.

Excelente toma de decisiones

Ser un líder requiere tomar decisiones difíciles a diario.

Sin embargo, se verá perjudicado si toma decisiones con el objetivo de complacer a todo el mundo. Sin embargo, estará bien si se mantiene firme y toma las decisiones que son mejores para las organizaciones, al tiempo que cuida de su gente. Como empresario, se beneficiará de saber cómo tomar decisiones con rapidez y audacia.

Inspiración y motivación

Los líderes no sólo producen seguidores, sino que desarrollan más líderes. Un buen líder debe ser capaz de animar e inspirar a los demás para que sueñen más, trabajen más y sigan sus ambiciones.

En palabras de John Quincy Adams, "Si tus acciones inspiran a otros a soñar más, aprender más, hacer más y llegar a ser más, eres un líder".

Acercamiento

Aunque cualquiera puede ser un líder, no es agradable trabajar con todos los líderes. Los líderes son entrenadores e influenciadores.

Ambas posiciones tienen que ver con el establecimiento de la confianza. Sólo se puede influir en las actividades cotidianas de alguien, en su trayectoria, en su percepción de la empresa e incluso en su percepción de su carrera cuando se tiene su confianza.

. . .

Delegación y supervisión

Todo empresario necesita y tiene que aprender a delegar.

No siempre se puede hacer todo uno mismo, por lo que delegar responsabilidades en otras personas es el mejor método para hacer las cosas rápidamente. La incapacidad de delegar en otro personal ha obstaculizado el crecimiento de muchas empresas. Un liderazgo eficaz requiere la capacidad de trabajar con otros para alcanzar los objetivos.

El gorro de nieve

La tapa que define el nivel de eficacia de una persona es su capacidad de liderazgo. Su capacidad de liderazgo define su eficacia y la influencia potencial de su empresa. Cuanto más alto desees llegar, más liderazgo necesitarás. Cuanto mayor sea el impacto que desea tener, mayor deberá ser su influencia.

El liderazgo es una combinación de respeto, experiencia, fuerza emocional, don de gentes, disciplina, visión, impulso, oportunidad, etc. No es algo que puedas lograr en un solo día, es algo que crece gradualmente. Lo que más cuenta es lo que logras a diario.

De repente, me di cuenta de que el Sr. Presidente me había preparado para el liderazgo. Siempre me animó a hablar con mi gente personalmente. Quería que entendiera lo que pasaba en su trabajo y en su vida personal. Que les animara cuando se sintieran mal y que les pintara un futuro mejor para las personas y la empresa.

Entonces, dijo algo sobre el espíritu empresarial y el liderazgo que tenía mucho sentido.

Dijo: "El espíritu empresarial es un juego infinito. Al principio, no sabes quiénes serán los miembros de tu equipo. Pero tu capacidad de liderazgo es lo que te permitirá atraer y construir un equipo. Si eres un líder débil, nadie te seguirá. Piense en ello como en un partido de fútbol, en el que los miembros de su equipo son los jugadores y usted el entrenador. Tus jugadores pueden ir y venir, pero tú siempre serás la constante de tu equipo. Sé un buen líder y no sólo atraerás a los mejores jugadores, sino que los retendrás".

También dijo *que* siempre serás el más trabajador de *tu* equipo.

"Si usted trabaja sólo 3 horas al día, no espere que ninguno de los miembros de su equipo trabaje más horas que usted.

Tu gente no trabajará más que tú. Recuerde que lo hacen por el dinero, así que puede que no se esfuercen tanto como usted. En resumen, la gente hará lo que vea que usted hace, en lugar de lo que usted les diga que hagan. Por tanto, hay que predicar con el ejemplo". dijo el Sr. Presidente.

. . .

Cuando entendí esta lección, dejé mi trabajo en la empresa de informática y me puse a trabajar a tiempo completo en mi negocio de viajes.

CONCLUSIÓN: EL SIGUIENTE PASO

EN EL MOMENTO en que pasé a trabajar a tiempo completo, se abrieron oportunidades. De repente, vi nuevas fuentes de ingresos que nunca antes habíamos visto. Las colaboraciones se hicieron más claras, las asociaciones nos acogían y el bullicio era magnífico. Me animé a trabajar aún más.

El negocio creció muy rápido y en un año recibí una oferta de alguien que quería adquirirlo por un precio muy lucrativo. Vendimos el negocio y me tomé seis meses de vacaciones. Pasé la mayor parte de mis días disfrutando del sol, nadando en el océano, jugando al golf y, por supuesto, escribiendo este libro.

Como todavía estoy aprendiendo y practicando muchas más habilidades que se requieren para iniciar un negocio sin capital, estoy regresando para iniciar otro negocio con cero dólares.

Al concluir, sé que tu mente bulle de pensamientos e ideas. Y sin duda estarás pensando: "¿Por dónde empiezo?"

· · ·

A estas alturas, espero que te hayas dado cuenta de que tu sueño de crear una empresa es válido, y que estés seguro de que con las herramientas adecuadas vas a hacerlo a lo grande. Si te lo has saltado, te recomiendo que empieces escribiendo tus cinco principales razones por las que quieres ser empresario.

Verás, por mucho que sea posible iniciar un negocio sin capital, puedes necesitar muchos otros recursos no financieros. Lo primero de esta lista son las habilidades que necesitas dominar. Por lo tanto, es importante que no dejes todavía tu trabajo diario. Si estás en el paro, es posible que tengas que encontrar un trabajo para hacer frente a algunos gastos a corto y medio plazo mientras planificas la puesta en marcha.

Si no tienes conocimientos, te recomiendo que encuentres una buena empresa de marketing en red y te inscribas.

Aprenderás las habilidades necesarias para construir un negocio bastante rápido. Conocerás a gente estupenda, tendrás acceso a maravillosos productos para la salud, y además podrás ganar mucho dinero.

Es fácil despistarse cuando se empieza y todo va tan rápido. Al sudar por las cosas menores y no concentrarse en lo que más importa, se corre el riesgo de comprometer el crecimiento o perder posibilidades. Esto es especialmente cierto si no tienes un plan de negocio.

· · ·

Contar con un plan de negocio desde el principio le mantiene centrado en los objetivos más importantes y le orienta en las operaciones y decisiones cotidianas. Un buen plan de negocio puede ayudarte a establecer objetivos para el mes, el año y el futuro.

Cuando se inicia un negocio sin capital, lo mejor es empezar con poco. Aléjate de todos los gastos. Intente eliminar por completo los gastos generales y opere únicamente con costes variables. De este modo, tu crecimiento estará casi garantizado.

Hay que empezar con un negocio pequeño. Con una guardería, conseguir el éxito de un pequeño negocio lleva tiempo. Te sientes muy bien cuando consigues un negocio al principio, pero luego tienes que seguir trabajando. Me propuse adquirir un nuevo niño cada dos meses. Debido a que los padres comprueban mi credibilidad y la competencia, tuve que tener paciencia. En mi caso, me fijé objetivos de marketing.

Como en el caso mencionado, hay que fijarse objetivos de marketing. Un buen plan de marketing te dará sin duda resultados si incorporas las redes sociales.

Otro elemento clave que hay que evitar -si se puede- es el inventario. Intente operar sin ningún tipo de stock, pero si debe hacerlo, manténgalo lo más reducido posible. Esto le ahorrará dinero tanto por el propio stock como por los costes de manipulación, como el transporte, el almacenamiento y los recursos humanos.

La última pieza del puzzle empresarial es el liderazgo. Hay quien dice que todo se eleva y cae sobre el liderazgo. Si sólo puedes dominar una habilidad, domina el liderazgo. El liderazgo es lo que te llevará del punto A al punto B.

Enhorabuena por haber leído hasta el final. Usted es una persona que sabe exactamente lo que quiere. Pero debo advertirte: algunas personas dejarán este libro y dirán: "Fue un buen libro". Y luego, no harán absolutamente nada al respecto. Algunas personas van a tomar esta información y simplemente correr con ella. Y en unas pocas semanas o meses, sus vidas habrán dado un giro completo debido a las lecciones contenidas.

¿A qué categoría pertenece? Esa decisión le corresponde a usted.

En mi opinión, usted es la próxima historia de éxito que el mundo está buscando.

¡Hagamos que suceda!